## 第2章　空間に浸る



JN077063

## 第3章　あまいものの楽しみ

## 第4章　食事がおいしい



## 終章　愛してやまない純喫茶



・商品の価格は、特に記載のない限り消費税込みの価格です。改定される場合もありますので、ご了承ください。
・店舗の情報は2023年9月末時点のものです。変更される場合もありますので、ご了承ください。

# 序章　愛しの純喫茶

# 浅草

# ロッジ赤石

## 登山代わりに下町のロッジへ

山好きの友人に何度か、登山や山小屋に連れていってもらったことがある。今はもう以前のように山を歩ける自信はないが、ときどき山や山小屋で食べた食事を思い出しては恋しくなる。コーヒーも軽食もあまいものも、なにもかもがとびきりおいしい。山小屋で過ごす時間も、自分だけでは抗《あらが》えない大きなものからまもってもらっているような感覚を得てほっとできた。そんなことをその友人に話したところ、彼女は〝山養分〟が不足すると、山小屋風の喫茶店を訪れるという。そうして教えてもらったのが「ロッジ赤石」。浅草寺の北側の奥浅草と呼ばれるエリアに位置する喫茶店だ。銀座線浅

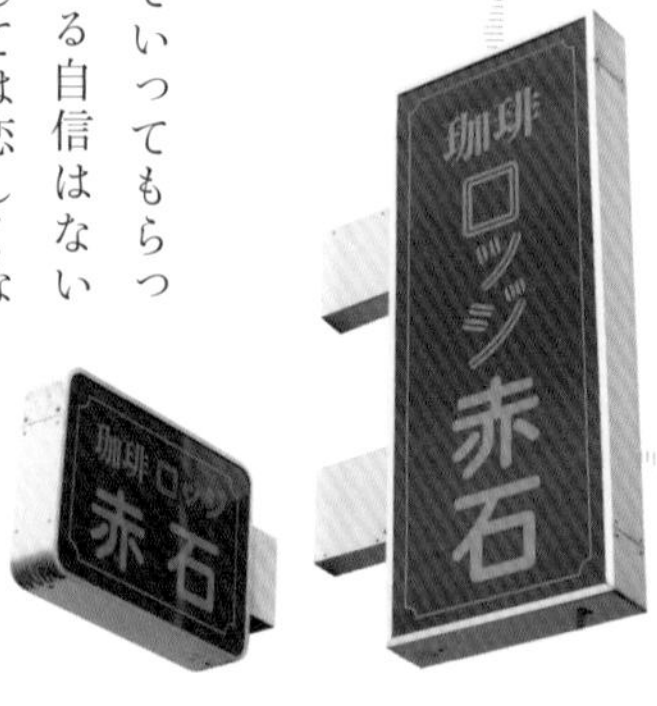


撮影／鈴木康史

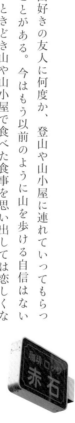

草駅から歩くとそれなりに距離があるけれど、下町らしい風景が続き、道中飽きずに辿《たど》り着ける。

ロッジ赤石が創業したのは昭和48年。信州・赤石岳が見える長野県伊那で生まれ育った先代が、故郷を偲《しの》んで赤石岳を店の名に冠し、山小屋風の内装に仕上げた。木材を使ったカウンターにはランプ調の照明。れんがの壁にかかるいくつかの柱時計は、田舎の納屋に眠っていたもの。中央に置かれた2台のテーブルは昔懐かしいブラウン管のテーブルゲームで、そのうち1台はいまだに現役だ。

れんがの壁、ランプ調の照明など、調度品ひとつひとつが山小屋の雰囲気をもり立てている。

KEY
COFFEE

ブラウンとグレーの配色がなんとも落ち着く店内。

## 浅草で働く人の拠りどころに

現在のマスターは先代の息子・小沢康純さん。喫茶店のルーツは、もともと母と妹が営んでいた一杯呑み屋にあるという。コロナ禍を経て、営業時間も客層もだいぶ変化してきたが、一時期は朝6時まで営業していた。奥浅草はかつて花街として栄えた一帯。周囲の料亭で働く人や、近所の演芸場に通う芸人が集う中、殊《こと》に親しまれてきたのがタクシーの運転手。仕事終わりの深夜にいつもの顔ぶれが食事をとりにやって来る。同業の仲間同士のたわいないおしゃべりも、大きな息抜きだったろう。そうして毎日通う常連客も飽きないようにと、メニューの数も増えていった。今はドリンク以外の食事だけでも80種類以上。生姜《しょうが》焼きやハンバーグ定食。カツ重などの丼もの。カレーやピラフとライスメニュー。パスタ、焼きそば、ピザ、サンドウィッチ。グラタンやラザニアなどのオーブン料理まで取り揃《そろ》う。それに加えて、トーストとホットドッグから選べるモーニングセットや、数種類のランチメニューがあり、マスターは一日中せわしなく料理と仕込みに追われ

「エビサンド」は、カリッと焼いたトーストにエビフライとキャベツがサンドされたボリューム満点の人気メニュー。1300円。

ている。扉の横には明日の日替わりランチメニューが掲げられ、毎日通う客はその予告を楽しみに翌日もまた店を訪れる。

　この日は朝９時の開店時間に訪問すると、オープン直後から店の前まで自転車で乗りつける人がひっきりなしにやって来る。中には犬を連れた常連客も。ペット連れで入店できるのも、まちなかではなかなか貴重な存在だ。朝は当然モーニングセットの注文が多い中、私は厚切りトーストに３本のエビフライと千切りキャベツを挟み、自家製ソースとタルタルで味付けした「エビサンド」を頬張る。丁寧にサイフォンで淹《い》れるコーヒーは、ほどよく酸味が効いてまろやかな口当たり。ああ、一口一口をしみじみおいしく感じるこの感覚。じんわり温かい存在にまもられているような安心感。山や山小屋で食事を楽しむ醍醐味が鮮やかに蘇《よみがえ》ってきた。

DATA

つくばエクスプレス「浅草駅」より徒歩約7分
東武伊勢崎線、東京メトロ銀座線「浅草駅」より徒歩約10分

住 東京都台東区浅草3-8-4
☎ 03-3875-1688
営 9:00 ～ 24:00（L.O.22:30）
休 月曜

きれいに磨き上げられたグラスやコーヒーカップが整然と並ぶ。

# 第1章

# 珈琲を味わう

# 千葉

## 珈琲専科　ヨーロピアン

**寒い季節でも人気。
30時間かけて抽出する水出しダッチコーヒー**

千葉駅から徒歩8分ほど。昼夜ともに多くの人が行き交う繁華街の富士見本通り沿いにある、蔦《つた》が絡まる趣ある建物。まるでそこだけ時間が止まったような独特の味わいが漂う。実際、周囲の店は数年単位で入れ替わる中、「珈琲専科 ヨーロピアン」は、昭和53年から40年以上、変わらぬ佇《たたず》まいで続いている。

黒い木枠のガラス扉を開くと広がる、琥珀《こはく》色の空間。山小屋を思わせる店内を、ヨーロッパ製のランプの灯《ひ》が優しく包み込む。まちゆく人を眺めながら過ごせる窓辺の席もいいけれど、マスター・吉田正美さんとの会話を楽しむためカウンター席へ。目の前でコーヒーを淹れ

撮影／長谷川 潤

クリームと２層になった水出しの「ダッチコーヒー」は吉田さん自慢の味わい。850円。

COFFEE
COFFEE
GELATIN POWDER
HAND GEL

吉田さんが揃えたものやお客さんからのいただきものが交ざり合い、独特の雰囲気を作り上げている。

る姿が見られるのも、喫茶店好きには嬉しい限りだ。

店名に〝珈琲専科〟と冠すだけあって、コーヒーの種類は、ストレート、ブレンド、ヴァリエーションなど合わせて40種類以上。「初めて来店した方とは、会話の中から好みをつかんでお出しすることもあります。コーヒーだけを提供するのではなく、心地よさを感じながら過ごしてほしい」と吉田さん。

そこで私は、〝ここでしか味わえない味〟を希望。そうして勧めていただいたのが、ウォータードリッパーで30時間かけて抽出する水出しの「ダッチコーヒー」。じっくり時間をかけることで、水が豆の旨味をたっぷり吸い込み、濃厚ながらもまろやかな風味に仕上がるそう。ほんのり甘いクリームと層をなすグラス入りのダッチコーヒーは、吉田さんにとっても一番の自信作。季節を問わず、遠方からこのコーヒーを味わうためにやって来る人もいるほどの名物だ。

## 軽食からデザートまで コーヒーのお供も自慢の味

コーヒーはもちろん、ものを作ることが好きだったという吉田

「ブレンドコーヒー」と自家製のレアチーズケーキを合わせた「レアチーズケーキセット」850円。マーマレードソースも吉田さんの手作り。

ダッチコーヒーのマシーンやメニュー表まで、この店の歴史を刻んでいる。

さん。地元の千葉や東京の喫茶店で修業に励み、30歳で実家近くに自分の店を持つ夢をかなえた。

「店名の〝ヨーロピアン〟は、ヨーロッパ風の濃いコーヒーを出す店という意味でつけました。そこからイメージして外観や内装も考えて。絵を飾ったり、ノリタケのカップ&ソーサーを揃えたり。カウンター周りの置物は、常連さんが持ってきてくれたものです」

　創業までの経緯や日頃の話を聞きながら、2杯目の注文はサイフォンで淹れる「ヨーロピアンブレンド」を。苦味と酸味のバランスが良く、一緒に頼んだ口溶けのいい自家製「レアチーズケーキ」とも好相性。

「うちはね、『厚切りハムトースト』も人気なんですよ」と、吉田さんと二人三脚で店を切り盛りする妻・裕子さん。メニューには他にも、ハンバーグステーキやハムエッグのセット、ミックスピザなど、軽食も豊富に並んでいる。この日は「千葉市美術館」鑑賞後のおやつどきに店を訪ねたが、次回はランチを兼ねて食事も堪能してみたい。

DATA

JR「千葉駅」東口より徒歩約8分

住 千葉県千葉市中央区富士見2-14-7
☎ 043-225-4625
営 9:30 ～ 20:00
休 月曜（この他、月に2 ～ 3回不定休あり）

横浜

# コーヒーの大学院 ルミエール・ド・パリ

## 王族の館を思わせるゴージャスな特別室

関内駅南口から徒歩5分ほど。「横浜スタジアム」に面する、みなと大通り沿いのビルの1階に、「大学院」と白抜きで文字が入った、ひときわ目を引く赤いテントが。「はて、こんなところに学び舎《や》が?」と不思議に思う人もいるだろうが、ここは「コーヒーの大学院ルミエール・ド・パリ」という喫茶店。いつでも極上のコーヒーとともにある、この上ない場所であるようにと願いを込めて、最高学府である「大学院」を創業者が好きだった言葉「パリの光」に冠して店の名に。「香り高い一杯のコーヒーを吟味してお出しする」という理念

撮影／原 幹和

一般席とはいえ、ゴージャスな雰囲気はそのまま。ここのカウンター席を好むお客さまも多いそう。

のもと、昭和49年に創業した。

鎧《よろい》の騎士が出迎える入り口の向こうは、赤い絨毯《じゅうたん》が敷き詰められた、豪華列車の食堂車のような縦長の一般席。こちらの客席だけでもじゅうぶん居心地がいいけれど、特筆すべきは店の奥に待ち受けるもうひとつの部屋「オーキット特別室」（左上写真）。扉を開くと、まばゆいシャンデリア、大理石のテーブル、ベルベットの赤い椅子、王冠が並ぶ色鮮やかなステンドグラス、カトレアを描いたモザイクタイル、BGMは優雅なクラシック音楽と、煌《きら》びやかな異世界が広がっている。そんな王族の宮殿さながらの絢爛《けんらん》豪華な喫茶室で、コーヒー、パフェ、昔懐かしい洋食など、純喫茶メニューが味わえるのが嬉しい。

特別室を利用するのにチャージ料はかからず、一般席よりメニューの価格が、わずかに割高に設定されているのみだ。

## サイフォンで淹れた自慢のコーヒーを煌びやかな空間で楽しむ

「コーヒーの大学院」というだけあって、ストレートコーヒー、オリジナルブレンドをはじめとするコーヒーのメニューは、種類

特別室に足を踏み入れると迎えてくれる豪奢なシャンデリア。

上・創業者のこだわりが詰まった豪華な内装の「オーキット特別室」。以前は店内に滝も流れていたという。下・シルバーのソースポットや器にも気品が漂う。懐かしい味わいの「スパゲティー・ミートソース」1320円（特別室は1630円・ともにコーヒー付き）。

「パフェ ルミエール」は、弾力のある白ワインゼリーがたっぷり入って、見た目よりヘルシー。910円（特別室は960円）。

も豊富に取り揃え、特別な味わい。よりコクを出すために、全てのコーヒーに通常の2倍の量のコーヒー豆を使い、丁寧に時間をかけてサイフォンで淹れているという。そんな濃厚なコーヒーにぴったりなのが、アイスクリーム、ホイップクリーム、果物たっぷりのフルーツポンチ、白ワインゼリーを合わせた、「パフェルミエール」。ガラスの器に盛りつけられ、ちょこんと赤いさくらんぼをのせた姿がなんとも可憐。

さらには、玉ねぎ、ニンジン、ひき肉、トマトピューレ、ケチャップたっぷりの手作りソースと、バターを染み込ませたパスタが絶妙な風味を奏でる「スパゲティー・ミートソース」をはじめ、手作りハンバーグやビーフカレーなど。折り目正しい正統派の洋食店と変わらぬおいしさで、長年にわたり親しまれてきた。

一度「入学」すると、ここで過ごす至福のひとときが忘れられず、いつまでも「卒業」できずに通い続けてしまう、唯一無二の空間だ。

DATA
JR「関内駅」南口より徒歩約5分

住 神奈川県横浜市中区相生町1-18　光南ビル1F
☎ 045-641-7750
営 10:00～18:00（月～金曜）
10:30～18:00（土曜・祝日）※L.O.17:00
休 日曜

八王子

# 自家焙煎 珈琲専門店 憩（いこい）

## 3代続く織物業から
## 昭和43年に喫茶店に転身

古くから養蚕と織物が盛んで、かつては桑都と呼ばれていた八王子。八王子駅北口のマルベリーブリッジにある、八の字に巻いた絹織物をイメージしたモニュメント「絹の舞」も、そんなまちの歴史を表している。そこから駅を背に、みさき通りを西に進むと、まもなく辿り着くのが「自家焙煎 珈琲専門店 憩」。

御年89歳の店主・河野仁さんは、3代続く織物業の家に生まれ、若き日はネクタイなどを作っていたという。ところが高度経済成長期、もろもろの事情が重なり家業を閉じることに。妻の親戚が営む喫茶店

撮影／原 幹和

「モカクロコーヒーゼリー」のアイスクリームは、モカアイスに自家製コーヒーを加えて練り上げたものを使用。650円。

専門店
組合員之証
食品衛生責任者

れんが張りの壁と木製カウンターが落ち着いた雰囲気を演出。

での修業を経て、昭和43年に店を開き、現在は息子の忠さん（前頁）ご夫婦が店を切り盛りしている。

「凝り性の父は、専門的知識があるコーヒー問屋に指導を仰いだり、海外でコーヒーを飲んだことがある常連客に本場の味を教えてもらったり、独学を続けてコーヒーの種類を増やしていった」と忠さん。

その言葉の通り、メニューに並ぶコーヒーはストレートからブレンドまで25種類以上。少し前までは35種類以上あったというから驚きだ。

さらにはどのコーヒーも、ネルドリップとサイフォンから淹れ方を選ぶことができる。豆本来の味を楽しむのならネルドリップ、すっきりとしたキレを感じるのはサイフォンと、それぞれの味の違いも醍醐味のひとつ。ネルドリップ用の布製のフィルターやアルミ製のドリッパーは、手先が器用な仁さん手作りの道具を使っている。

## 青い炎が心を引きつける 名物のホットカクテル

イギリス製の専門器具を使用する「アイリッシュ・コーヒー」1000円。

鉄のフライパンで焼いた卵を、近所の老舗パン店「布屋パン店」のパンで挟んだ「玉子サンド」500円。

この日私が注文したひと品は、1940年代後半にアイルランドで生まれたという「アイリッシュ・コーヒー」。青い炎が上がるグラス入りウイスキーを、アルコール成分を飛ばしながら専用器具であぶったあと、コーヒーを注いで砂糖と生クリームで風味をつけるホットカクテルだ。

炎の色が際立つように店の照明を消してから、仕上がりまでのパフォーマンスを目の前で見せてもらうことができるので、場も心も華やぐ。モカアイス、コーヒーゼリー、チョコレートシロップを合わせたデザート「モカクロコーヒーゼリー」と並べて、温と冷の組み合わせを楽しむ人もいると聞いて、私も交互に口に運んでみた。コーヒーとウイスキーの芳醇な香味と、デザートのあまみが優しく溶け合い、快い余韻が残った。

近隣の神社も手がけたという宮大工の小町和義さんが建てたビル1階の空間も、ゆったり開放感があって妙に落ち着く。始発の電車で登山に向かう人のために明け方まで店を開けていた時代もあったそうだが、今も昔もここで過ごす人たちに、心安らげる〝憩いのひととき〟をもたらしてくれる。

DATA

JR「八王子駅」北口より徒歩約3分

住 東京都八王子市三崎町2-10
☎ 042-625-2055
営 12:00 ～ 22:00（火～土曜　※当面は19:00まで）
12:00 ～ 17:00（日曜）※L.O.は閉店の30分前まで
休 月曜・年末年始

新宿

# 新宿 らんぶる

## 戦後から続く名曲喫茶の殿堂

戦後の新宿では、「風月堂」「スカラ座」「でんえん」「ウィーン」など、複数の名曲喫茶が創業している。今ならば誰もが好きなとき好きな場所で自由に音楽を再生できるけれど、まだ娯楽が限られ、個人がオーディオセットを所有するのも贅沢な時代。クラシック音楽愛好者は上等な音響装置でＬＰ盤を聴くために、専門店へ足を運んでいた。

クラシック音楽好きの初代が、新宿東口の中央通りに「新宿らんぶる」を開いたのは昭和25年のこと。その5年後には、地下1階、地上3階、400人を収容できる、当時の喫茶店としては国内最大級の店舗が完成。演奏するレコードのプログラム編成や解説に専従者がつく

撮影／鈴木康史

地下の客席には大きな鏡が配され、広々とした空間づくりに一役買っている。

オレンジ色の壁紙や木製の梁《はり》、豪華なシャンデリアなどが配された店内は、どこかヨーロッパの古城のような雰囲気を漂わせている。

ほど人が集まり評判が高かった。そんな中、昭和49年にはビルへの建て替えにともない現在の姿に。通りに面したれんが造りの間口や1階フロアだけを目にすると、こぢんまりとしたスペースに見えるけれど、入り口左手の地下に続く階段を下りた先に、上下2層構造で200席を備えた、ダンスホールのような大空間が広がっている。赤いベロア生地のソファやテーブル、高い天井を彩る2基のシャンデリアは前店舗から受け継いだもの。生地の張り替えや手入れをしながら、大切に使い続けてきた。そうして多くの名曲喫茶・歌声喫茶が営業していた戦後の新宿の面影を残し、まちの歴史や文化を物語る店として、新宿区の地域文化財に認定されている。

## 日常を彩る琥珀色の光

「らんぶる」はフランス語で琥珀を意味する。「創業者の祖父はらんぶると同時に『琥珀』という名の店を経営していたこともあったんです」と、3代目にあたる重光康宏さん。「祖父は、数年前に新宿の店を閉め、現在は軽井沢で規模を縮小して営業を続ける『スカラ座』の創業者と懇意にしていました。夏には軽井沢で『スカラ座らんぶる』

ケーキがずらりと並んだショーケース。ショートケーキやチョコケーキなど長年愛されている人気のラインナップが揃う。

上・壁にはベートーベンの肖像がかけられている。下・甲斐さんが頼んだのは「アーモンドケーキ」と「ブレンドコーヒー」。セットで1100円。

という期間限定店舗を開いていたこともありました」などと、貴重な話を聞かせていただく。創業者の祖父も、父も、叔父・叔母も医師という環境の中で育った康宏さん。ご自身は海洋生物の研究をするため学生時代は東京を離れていたが、祖父が亡くなり初めて店の経営に携わる気持ちが湧いてきたそう。そうして、2代目である叔父・叔母をサポートする形で店に入った。

「ここはもともと、音楽を楽しむ店としてスタートしていますが、今はコーヒーや軽食を味わいながら、ゆったりとした時間を過ごしてもらう場所に変化しています。新宿は人種のるつぼと言われるように、昔からさまざまな人が集まるまち。祖父も客層を限定せず、門戸を広く開いていろいろな方に利用してほしいという思いを持っていました。ですから今も、年齢・性別・職業問わず、どんな人でも気軽に入れるように努めています」

場所柄、デパートや映画帰りにひと息つく人や、近くの老舗てんぷら店で食事を済ませたあとに食後のコーヒーを……と、日常の中でも少し特別な気持ちを抱えて来店する人も多い。私は、上京したての20代の頃、親しい友人と待ち合わせするのによく利用していた。編集者との打ち合わせや、雑誌の対談場所として使わせていただいたことも

店長の重光康宏さん。祖父の作り上げた店の雰囲気を大事にしているという。

ある。いつも必ず注文するのは、浅煎りと深煎り、異なるタイプのコーヒー豆を使った「ブレンドコーヒー」。深い香りとまろやかな風味で、口に含むと身体《からだ》の底からほっとできる。今回、コーヒーに合わせていただいたのは、ナッツのクリームを挟んだ「アーモンドケーキ」。素朴な風味と清楚な佇まいから長年人気があるという。

店を満たす琥珀色の光。その光に包まれると、なんでもない日も特別な日も、自分がなにかの物語の一部になれたような気がしてくる。ちょっとした仕草も言葉も、きらきらと輝きを帯びたように感じられる。私にとってらんぶるは、何気ない日常をドラマチックに輝かせてくれる、舞台のような存在だ。

DATA

JR「新宿駅」より徒歩約5分

住 東京都新宿区新宿3-31-3　1F・B1
☎ 03-3352-3361
営 9:30～18:00
休 元日

コラム

# 生まれたまちの喫茶店

生まれ育った富士山麓のまちに、昔ながらの喫茶店が思いのほか残されていると認識したのは、ここ10年ほどのことだ。父も母も、祖父も祖母も、皆コーヒーは好きだが外でお茶を喫する習慣がなく、大学に入学するまでは私自身も喫茶店で過ごした記憶が数えるほどしかない。

中学生になると、朝食や休日の家族とのおやつの時間に、インスタントコーヒーに牛乳を注いだコーヒー牛乳を好んで飲んでいたけれど、その頃はまだ挽《ひ》きたての豆で淹れる本格的なコーヒーの味を知らなかった。それから大学に進学し、名古屋が地元の友人から、休日の朝は家族で近所の喫茶店に赴き、一家団欒でモーニングを食べるのが当たり前だったと聞いたとき、私にはモーニングというサービスさえ新鮮で、コーヒーを注文するとトーストや卵やサラダがついてくるなんて、気前がいい店や土地があるものだと驚いた。

もっとも古い喫茶店の記憶は、今も静岡県富士宮市の実家近くで営業を

続ける「喫茶ヴィーナス」。そのときのことを鮮明に覚えているのは、小学校高学年の姉が、子ども用に誂《あつら》えた紺色の警察官の制服に身を包んでいたという特別な状況だったからだ。交通安全を呼びかけるイベントで一日警察官を務めた姉を母とともに迎えに出かけて、帰りに他の参加者と連れ立って喫茶店に立ち寄った。清水から運んだヒノキを使って建てたという、赤い瓦屋根と風車が目印のヨーロッパ風の建物。コーヒーカップをかたどった看板が目を引く店の前を通るたび、入ってみたいと強く憧れていたために、念願をかなえることができて喜びも大きかった。そうして天井をシャンデリアが彩る、貴族が暮らす古城のような優美な雰囲気の中で、ガラスの器に山盛りのパフェを頬張った。それまでパフェといえば「不二家レストラン」で、てっぺんにペコちゃんのスティックチョコレートを挿した子ども向けのものしか食べたことがなかった。喫茶店のパフェは愛らしくも洗練された佇まいで、普段と違う大人向けのメニューを注文できたような気がして、誇らしい気持ちだったことを思い出す。そのとき座ったのは、池に鯉《こい》が泳ぐ庭に面した、円形のスペースに連なるボックス席。テーブルのガラスの天板の下に敷き詰められた茶色の豆粒が、一口ごと母がおいしそうに味わうコーヒーのもとだと聞いて、これがどうして液体になるのか

と不思議だった。
それから30年が経《た》ち、地元を含めた富士山周辺の旅の本を書くことになって、立ち寄りどころとして紹介するため思い出の店の扉を開いた。創業者である父親から受け継ぎ、2代目として店を守る娘さんにあらためて話を伺った。先代の生まれは静岡と隣接する山梨県。以前は高級革製品店を営んでおり、昭和51年に富士宮の富士山に続く国道近くで喫茶店を開いた。店内各所に配された、ヴィーナスの石像や銅板や絵画やシャンデリアなどの美術品は、多趣味な先代が方々から買い集めてきたという。創業当初は周囲にほとんど店がなく、遠方からわざわざやって来る人が行列をなしたそう。たしかに私が小学生の頃までは、近所にあるのは昔ながらの個人商店で、だからこそヴィーナスの華やかな外観はひときわ目を引いた。当初はコーヒー専門店として営業するつもりだったのが、客の要望で少しずつデザートや軽食を増やし、あまいデザートや、地元の名物である富士宮やきそばなどの料理も評判に。今では家族3世代で通う人もいるという、〝ファミリー喫茶店〟のような存在として親しまれている。
その取材をきっかけに、帰省するとヴィーナスに立ち寄る習慣ができた。コーヒーを飲んだりあまいものを食べたり、大きな窓に八の字にかかるカ

ーテンのドレープを「富士山みたいだな」とぼんやり見つめながら、一人でゆったりと過ごしたり。家族と一緒のときもあれば、東京から友人を連れて案内したり、そのときどき違った過ごし方をしているけれど、なによりの至福は、すぐ近くの温泉施設でひと汗流したあとにチョコレートパフェを食べるひととき。お腹が満たされたら雄大にそびえる富士山を眺めながら歩く、実家までの道のりも含めて愛おしい。こんなふうに身近な場所に、心から寛げたり、考えごとに集中できたり、あるいは日常のすべきことから解放される居場所があるのは、なんて幸せなことだろう。

喫茶店というまちの宝物に心を傾けるようになったのは、地元を離れた18歳以降。その間、ずいぶん時間が流れたけれど、今あらためて辺りを見回してみると、他にも馴染みの道沿いで、昔ながらの喫茶店が営業を続けていることに気がつく。沼津の建築家が手がけ、古き良き昭和の時代のモダンなセンスがちりばめられた内装の「喫茶らんぶる」。東京の下町生まれのマスターが開いた、山中の別荘風に木材をふんだんに使い、飴色のフィルターをかけたような落ち着いた風景が広がる「望欧亜《ボア》」。松本民芸家具のテーブルや椅子が並ぶ中、静かにクラシック音楽が流れる「珈琲館」……。思いきって扉を開けて話を聞いてみると、どの店にも、まちとともに歩んだ歴史、マスター家族や客それぞれの温かな思いが詰まっていて、一冊の物語を読み解いたような心地に包まれる。私が生まれたまち、隣のまち、今暮らすまち、旅先のまち。一つずつ喫茶店の扉を開くたび、まだまだ新しい物語に出合うことができるだろう。

**喫茶ヴィーナス**

JR「富士宮駅」より徒歩約25分

住 静岡県富士宮市ひばりが丘287
☎ 0544-27-1144
営 9:00～21:30（L.O.21:00）
休 月曜

# 第2章

# 空間に浸る

## 高崎

# カフェテリア コンパル

### 「映画のまち」と呼ばれる街並みに馴染む佇まい

毎年「高崎映画祭」が開催され、「映画のまち」と呼ばれる群馬県高崎市。都心から新幹線で1時間ほどの地の利と昭和レトロな景色を生かし、数々の映画やドラマのロケ地としても有名に。物語の舞台巡りが趣味の私は、高崎出身の友人の案内でまちなかを散策したことがある。そのときもっとも心引かれたのが、通りかかったビルの1階に据えられた喫茶店のショーケース。年季が入りながらもいぶし銀の輝きを放つ食品サンプルに引き寄せられ、2階の入り口に続く階段を上りかけたが、電気が消えて定休日のようだった。

念願かなって再訪を果たした「コンパル」は、タイムマシンで昭和

撮影／鈴木康史

昭和レトロな商店街の中でもひときわ存在感のある白いショーケース。

ミッドセンチュリーモダンの椅子が目を引くノスタルジックな店内。

の時代に舞い戻ったかのような錯覚にとらわれるほどノスタルジックな佇まい。奥の厨房から街路を見下ろす窓辺の席に向かってL字形にのびる店内には、ミッドセンチュリーモダンデザインの椅子とテーブルが並んでいる。

店主の田島保雄さんに話を伺うと、喫茶店の開店は昭和39年。もともと保雄さんの父が理髪店を営んでいた同じビル内で、高崎を代表する弁当店の店主が喫茶店を始めたのだそう。そのうち当時20代だった保雄さんが手伝うようになり、数年後に正式に店を受け継いだ。現在客席があるのは2階の1フロアのみ。すでに改装してふさいでいるが、当初は2階から3階までの吹き抜けで、2フロアで営業していた時期もあったという。入り口に掲げられた女性の横顔を描いた看板は常連客だった美術学校の先生が手がけたそう。壁のいたるところに飾られている絵画も、店に通う画家たちが置いていったもの。昔は内装工事ができる客もいて、店と客の垣根を越えた人間同士の交流が楽しかったと保雄さんは話してくれた。

季節のフルーツと自家製プリンに、アイスクリームとミルクレープを合わせた「プリン ア・ラ・モード」650円。

卵、ハム、レタス、きゅうりと具材たっぷりの「ミックスサンドイッチ」600円、「コーヒー」350円。

## 季節のフルーツたっぷりのプリン ア・ラ・モード

意匠を凝らしたメニューブックから「ミックスサンドイッチ」と「プリン ア・ラ・モード」を選ぶ。具材たっぷりのサンドイッチは地元のパン店の食パンを使用。季節ごとにフルーツが替わるプリン ア・ラ・モードのプリンは、ほどよい固さの自家製。「おいしいです」と、保雄さんに声をかけると、「普通です」とキッパリ。普通の材料を使って普通に作っているだけとおっしゃるけれど、長年普通を貫くことこそ、実はなにより難しい。高齢でいつまで店を続けられるか分からないと話す保雄さんに、「まだまだ続けてください」と願いを伝えて店をあとにした。

DATA

JR「高崎駅」より徒歩約10分

住 群馬県高崎市鞘町62
☎ 027-322-2184
営 8:00 ～ 17:00
休 不定休

## 松本

# 珈琲茶房　かめのや

### 手仕事のまちに馴染む
### 風情ある内装やインテリア

長野県松本市は、土蔵造りの建物が点在する城下町。戦後に松本民芸館が開館してからは、手仕事により生み出される日常使いの雑器に美的価値を見いだす民藝運動の精神が市民に根付いた。近年ではクラフトフェアの開催も盛んだ。

これまで何度か松本で、器や家具などの手仕事に触れる旅をした。ひと休みする喫茶店の趣ある雰囲気からも、腕のいい職人が多い土地というのが分かる。10年以上前に立ち寄った、明治時代創業の菓子店「翁堂《おきなどう》」が営む茶房も、アーチ型の窓や湧水が流れる坪庭など、どこを切り取っても一枚の絵のような風情があった。再訪を願っていたと

撮影／鈴木康史

鉄板に卵を敷いた「ナポリタン」の具材は、玉ねぎ、ウインナー、ピーマンとシンプル。900円。

ころ、平成28年から新たな形態で再オープンしたと聞き、今回ようやく訪ねることができた。

## 外側の喫茶文化と地元の味が馴染むメニュー

現在の店主は、関西出身の斉藤博久さん。以前は大阪のネジメーカーで営業の仕事をしていたけれど、ひょんなことから会社を辞めて松本へ移住。以前から喫茶店が好きで自分の店を開きたいと空き物件を探す中、閉店して間もない「扇堂茶房」に出合った。すぐさまオーナーである翁堂の社長に交渉し、今までの佇まいを残しながら建物を借り受けることに。そうして26歳で、亀の歩みのようにゆっくりできる場所にしたいという願いを込めて、「珈琲茶房かめのや」を立ち上げた。

松本では朝食は家で食べるのが当たり前。モーニングを行う喫茶店は限られていたため、あえてメニューに取り入れた。ナポリタンは、鉄板に卵を敷いて、その上に麺をのせる名古屋スタイル。他地域の喫茶文化を取り入れつつも、トーストに添えるジャムは信州産の果物を使

床や天井を張り替えた以外は以前の店の空間を生かした形で引き継いだ。

りんごやウイスキーなど、地元の名産品とコーヒーを合わせた、ご当地コーヒーのドリップバッグがずらり。各250円。

甘さを控えた、昔ながらの固めの「プリン」600円と、マイルドで飲みやすい「かめのやブレンド」500円。

った「信州須藤農園」のもの。松本を代表する老舗パン店の名物「牛乳パン」を味わえたり、地元の味も大切にしている。とりわけユニークなのが、2階の焙煎所でブレンドされるご当地コーヒー。信州産のりんごに生豆を漬け込み発酵させて作る「信州林檎コーヒー」をはじめ、ブランデー、七味唐辛子、味噌、わさびと、長野県の名産品と合わせたおみやげ用のドリップバッグも評判だ。

## 高校生から90代まで世代を超えた常連客

開店時間に店に訪れると、すでに先客がいるのも日常の風景。毎朝、常連客が数人集まり、コーヒーを飲みながら他愛ないおしゃべりを楽しんでいるという。中には若手陶芸家の作品をマイカップとして持参している方もいて、そんなところも手仕事のまちらしくほほ笑ましい。高校生から90代までの馴染みの顔も、観光客もスタッフも。世代や立場を超えて、誰もがのどかに過ごせる雰囲気が、優しく和やかに漂っていた。

DATA

JR「松本駅」より徒歩約10分

住 長野県松本市大手4-7-22
☎ 080-7480-9953
営 8:00～20:00（月～金曜）
8:00～18:00（土・日曜）
休 年末年始（12/27～1/3）

# 秋田 レトロカフェ 異人館

**市民に愛された老舗を継承し、新しい風も吹き込んだレトロな館**

秋田県庁舎や秋田市庁舎に近接する秋田市八橋運動公園は、秋田市のほぼ中央に位置している。敷地内には、陸上競技場、野球場、体育館など、スポーツのための施設がさまざまあり、試合や大会が行われるイベント時には、祭りのように賑《にぎ》わうこともあるという。しかしながら普段はゆったり穏やかな雰囲気で、緑豊かな公園内を、ジョギングしたり散歩したり、地元の人たちがマイペースに過ごすのどかな光景が見られる。

そんな、市民が憩う公園の東側にのびる、けやき通り沿いにあるのが、白亜の洋館に蔦が絡まる「レトロカフェ異人館」。昭和54年の創

撮影／長谷川 潤

リニューアル前の旧店舗から受け継いだ、ステンドグラスを内装に取り入れている。

なーんか
もう少し
たべたい

ゆったりできるカウンター席からは季節ごとに変化する蔦を眺めることができる。

業以来40年ほど、先代の経営者が店を切り盛りしてきたが、お年を召したことにより、秋田市内で美容室を営む小野正文さん・鉄平さん親子が受け継ぐことに。できるだけ元の店の内装や家具、長年愛されてきたメニューを残しながら、令和元年の夏にリニューアルオープンを果たした。

色鮮やかなステンドグラスや年代ものの時計は昔のままだが、コンセント付きのカウンター席を増設するなど、今の時代に合わせた改装も行った。それでも、以前と変わらぬ心地いい空間を作ろうと、壁にトランペットやクラリネットなどの楽器を飾ったり、ジャズを流すようになったのは、津軽三味線の名手としても知られる正文さんの計らいだ。

長年通い続ける常連も多いそうで「今朝も、若い頃にここでお見合いをして結婚して、もうすぐ県外に引っ越すことになったから、最後に思い出の場所へという方が来てくださって」と鉄平さん。

夏は緑の蔦が茂り、秋の紅葉シーズンは葉が赤く色付く。冬はすっぽり雪のベールに覆われることも。季節ごとに異なる表情を見せてくれる建物の中で、窓から差し込む光を感じながら過ごす時間は、通い

客の目の前で「カフェ・オ・レ」680円を注ぐ小野鉄平さん。牛乳は乳脂肪分3.5%以上のものを使用している。

「フレンチトースト」にトッピングされているのは、生クリーム、ハチミツ、3種のベリー。770円。好きな飲み物と合わせたセットは1150円。

慣れた人にとっても格別なものがあるのだろう。

## 先代からレシピを受け継ぐ フレンチトースト

定番メニューのコーヒー「異人館ブレンド」は、苦味が強い豆をサイフォンで淹れることでまろやかな味わいに仕上がる。その異人館ブレンドと乳脂肪分の高い牛乳を、別々のポットを使って一つのカップに同時に注ぐ「カフェ・オ・レ」は、〝天井落とし〟という異名を持つパフォーマンスが名物。

着席している客の目線より高い位置から注ぐことでカップの表面に泡が立ち、蓋《ふた》になって風味を逃さない。これに、店一番人気で、創業時から引き継がれるレシピで作る「フレンチトースト」を合わせて食べた。一晩かけて厚切りの食パンを卵液に漬け込み、専用の器具で焼き上げることで、ふわふわの食感ができあがる。

運動公園での練習帰りに疲れを癒やすため、このフレンチトーストを頬張るスポーツ選手が多いというのもうなずける納得のあまい味わいだ。

DATA

JR「秋田駅」よりバスで「球技場前」下車、徒歩約１分

住 秋田県秋田市八橋本町1-1-46
☎ 018-853-0179
営 9:30 ～ 18:00（L.O.17:30）
休 第3日曜と翌月曜

## 上野

# 高級喫茶 古城

### ゴージャスな内装は
### 創業者が描いた夢の形

昭和の時代から続く純喫茶の数は全国的に激減しつつあるが、それでもまだ東京には、昭和遺産といえる昔ながらの店が比較的多く残っている。中でも上野のまちなかには華美な内装の喫茶店が点在し、最近ではレトロ純喫茶巡りを楽しむために、わざわざ訪れる人が増えているという。

そんな上野の純喫茶を代表する一軒が、上野駅正面玄関口から徒歩数分の距離で、浅草通りに面したビルの地下にある「高級喫茶 古城」。創業は「1964年東京オリンピック」の前年にあたる昭和38年。大正生まれのモダンボーイで、複数の飲食店やサウナを経営していた実

撮影／鈴木康史

地上の喧騒からは想像できない豪奢なエントランス。ここを経て中世ヨーロッパ風の空間へと誘われる。

業家・松井省三さんが、中世ヨーロッパへの憧れを形にすべく世界美術大全集を参考に、自らのアイデアを詰め込み完成させた。まさに古城のような豪奢な空間。真鍮製の金獅子のレリーフやシャンデリア、馬にまたがる騎士と華麗な貴婦人を描いた2枚のステンドグラスが彩る階段を下りると、扉の向こうに異世界が広がっている。

## 贅を尽くした店内は数々のドラマの舞台に

最初の一歩を踏み出しながら、まるで古い昭和の映画の中へ潜り込むようだと高揚したが、セットでも再現しがたい贅を尽くした店内は、実際にさまざまな映画やドラマのロケに使用されている。大理石の板を用いた壁やついたて。一基を6人がかりで設置したシャンデリア。真鍮の縁取りにモザイク状の大理石をはめ込んだ床。ロシア皇帝の離宮エルミタージュでの宮廷舞踏会をモチーフにしたステンドグラス。本物の素材にこだわった省三さんデザインの内装は、腕のいい

エルミタージュの豪華絢爛な内装を体感できる、ステンドグラスが圧巻。

地元の職人が手がけたそうだ。「今、電子オルガンが置いてある奥のスペースに昔はグランドピアノがあって、近所の芸大や音楽の専門学校に通うプロの卵の学生たちに演奏してもらっていたんですよ」と、父の跡を継いで店を守る2代目オーナーの松井京子さん。店内の一角にある、映画館や新幹線の座席のように横並びで座る二人掛けのソファはロマンスシートといって、昭和初期頃から流行していた座席スタイルを残しているのだと教えてもらった。

## 愛らしくて懐かしい
## 昭和のメニューがずらり

創業当時からの定番メニューは、ハムと卵のミックスサンド。パスタやハンバーグなどランチも好評で、食事目当ての常連客も多い。それでも不動の人気は、ミルクセーキ、パフェ、ホットケーキと、昭和の純喫茶でおなじみの味。ミルクセーキは卵黄と牛乳を混ぜるのにシェーカーを使い、バナナパフェはメロンソーダのシロップにカットフルーツを入れ、アイスクリームとホイップ

上・「ミルクセーキ」700円をサーブするのは、2代目オーナー・松井京子さん。
下・バターとメープルシロップをかけて味わう「ホットケーキとコーヒーのセット」950円。

を。ホットケーキは外はカリッと中はしっとり焼き上げ、素朴で懐かしい味わいに。酸味と苦味にこだわったブレンドコーヒーを、赤色や青色と、そのときどきで違った色のカップ&ソーサーで出すのも、昔から変わらぬ古城流のおもてなしだ。

バナナをまるごと1本使い、メロンソーダのシロップと合わせた「バナナパフェ」850円。

DATA

JR「上野駅」より徒歩約5分

住 東京都台東区東上野3-39-10　光和ビル B1
☎ 03-3832-5675
営 9:00 ～ 20:00
休 日曜・祝日
※店内喫煙可

コラム

# 大人への階段

令和4年の春、成人年齢が20歳から18歳へと引き下げられた。法律的には18歳の誕生日がやって来ると、「あなたは今日から大人の仲間入りです」と必然的に線を引かれる。しかしながら自意識の上で、〃大人の階段を上がった〃と感じることがらは人それぞれあるだろう。そう考えて身近な人に「どんなことで自分は大人になったと感じた?」と尋ねてみたところ、親元を離れて一人暮らしをするようになったときとか、後輩にごちそうしたとき、母親に素直にありがとうと言えるようになったときなどと、いろいろな答えが返ってきた。

私はといえば、静岡から大阪の芸術大学に進学して間もない頃にそのときがやってきた。芸術大学を選んだのは、高校時代まで渇望して過ごした、文学・映画・音楽をはじめとするさまざまな文化・芸術を、もっと広く学びたいというのが理由のひとつ。かくして晴れて芸大生になってからは、ひたすらに本を読み、映画を観て、音楽を聴く日々。寺山修司の評論集に、

『書を捨てよ、町へ出よう』というタイトルがあるけれど、知りたくて仕方がなかったものに少しずつ触れて、文化的体験を積み重ねていくうちに、次第に作品の中だけではない、実際のまちへ出てみたいと思うようになった。月に幾度か映画観賞サークルの仲間と、天王寺駅近辺の名画座で映画を観る機会があったのだが、上映後は皆と別れて、特にあてどもなくひとりまちの散策を始めた。静岡の片田舎で育った私にとって、大阪の天王寺という土地は海外同様の異文化だらけ。ビルや商店、繁華街や静かな路地、すれ違う人、なにもかもが新鮮に目に映る。当時の私は、お酒の味もコーヒーの味もまだよく分からず、気になる店があっても控えめに店内を覗《のぞ》き込むだけ。ときどき、愛らしいデザインの看板や、ビルの外壁のタイルを、フィルムカメラにおさめるだけで心が満たされた。

そんな中、よく通る阿部野橋の商店街に気になる店ができた。「田園」という名の喫茶店だ。最初は、古い映画に出てくるようなモダンで落ち着いた佇まいの外観に引かれて立ち止まり、食品サンプルが並ぶショーケースを眺めるふりをしながら店内の様子をうかがおうとしたものの、薄暗い入り口からは店の中が見えにくい。一度は諦めて立ち去るも、その後も前を通るたび、この先にどんな世界が広がっているだろうと好奇心が募る。

あるとき、特定の店にこんなにも興味を持つことはそうそうないのだからと意を決し、重いガラスの扉を開いた。

あべの筋に面する店の間口はこぢんまりとしていたが、中に入ると思いのほか広く、そして明るい。年代もののレジを置いたカウンターの前には、人けがなく薄暗い2階への階段が続き、昔はこの先にも客席があったのだろうと思わせる。壁や天井と同じ木材を使った、腰壁ほどのついたてを張り巡らせたボックス席が並ぶ1階フロアは、うなぎの寝床のようにL字形に奥に続く。床に敷き詰められた絨毯は深紅に染まり、木製椅子を彩るベルベットの生地も同系色の赤。さらには、「こちらへどうぞ」と奥の席へ案内してくれたウエイトレスも、ロングのスカート部分がプリーツ仕様の真っ赤なワンピースを身につけている。実はそれまでもう少し、キッチュな内装を想像していたのだけれど、実際は古い洋館の応接間のように華やかさもありながら、ほっとひと息つける落ち着いた雰囲気。そこで、夢中でおしゃべりを楽しむご婦人方、一心に書きものをする学生風の青年、もの思いに耽《ふけ》っているようなサラリーマン、長年の常連客らしい年配の夫婦。さまざまな人たちが、誰も他人のことなど気にもせず、自分の世界に没入している。初めて一人で入った喫茶店で、最初はこわごわ緊張していたも

のの、さっき古本屋で買ったばかりの文庫本をミルクティーを飲みながら読み進めるうち、いつのまにか私も心身ともに寛いでいるのに気がついた。「こうして喫茶店で過ごす私は今、店に、まちに、溶け込んでいる」。なんのとりえもない自分でも、本や、映画や、音楽に描かれる物語の一部になれたような気がした。同時に、大人への一歩を踏み出した感覚と、これまで感じたことがない達成感が込み上げてきた。喫茶店や映画館、旅や散歩、まちの中で一人で過ごす時間を思いのまま楽しめるようになったのはそれからだ。自分で決めて行動する。自由だけれど責任を伴う。その後過ごした一人の時間の積み重ねが、こうしてもの書きという仕事をするうえで、今の自分を支えてくれている。

大学の卒業式を終えてすぐ、私は「田園」の面接を受けた。卒業後は研究生として大学に籍を残しつつ、また別の京都の学校に通うことが決まっていた。新たな生活が始まると、だいぶ時間ができるので、好きな店でアルバイトができればと扉をたたいた。面接をしてくれたのは、フランスの女優、ブリジット・バルドーさながらに髪を結い上げ、煌びやかなワンピースにハイヒール姿の社長の妻。きれいな方だなあと頬を赤らめ見とれつつ、学校以外の時間帯はいつでも働けることを伝えると、その場で朝一番

のシフトに入ることになった。始発の電車で通うことも苦にならないくらい、あの赤いワンピースの制服を着て、好きな店で仕事ができる喜びは大きい。初日こそ常連客が使う、「レイコー（アイスコーヒー）」や「アイミティー（アイスミルクティー）」などの省略言葉におろおろするも、すぐに慣れて、毎朝やって来る顔ぶれのいつものメニューも覚えた。半年後に大阪から京都に引っ越すまでの間、モーニングの時間帯にともに入ったスタッフは、長年勤める寡黙な老紳士と、「みんなには内緒にしているけれど、甲斐ちゃんだけには教えたるわ」と言って、本業は演歌歌手であると告げてくれた年上の女性。当時の私は今よりずっと人見知りな性格で、勤務中の私語はほとんどなく、ただもくもくと働いていたけれど、客席ごとに繰り広げられるさまざまな物語をじかに見ていられるのは実に楽しかった。

数年前、阿部野橋のデパートで仕事があったついでに、20年ぶりに店を訪ねてみた。実はすでに風の噂《うわさ》で、もう何年も入り口に休業中の紙が貼られたままだと聞いていた。実際にその通りでも、またそのうちに再開しそうな雰囲気のまま、変わらず店舗が残されていたことが、ただただ嬉しかった。

# 第3章

# あまいものの楽しみ

## 銀座

# トリコロール 本店

### 画家や文士が集うサロンとして

店先にイギリス製のガス灯を備えた「トリコロール 本店」があるのは、地下鉄銀座駅からすぐのあづま通り沿い。正面に立つと右手にＧＩＮＺＡ ＳＩＸが堂々とそびえる。建物のすぐ右隣は１００年以上の歴史ある老舗呉服店。新旧のコントラストが入り混じる風景の中、れんがの壁と回転扉が象徴的なヨーロッパ風の建物が凛《りん》と佇む。

トリコロール 本店の開店は昭和11年。「キーコーヒー」の前身である「木村コーヒー店」創業者・柴田文次が、コーヒーの普及を目的に喫茶店を開いた。以前より同じ場所にトリコロールという名の喫茶店があって、店名ごと引き取る形で譲り受けたという。〝銀ぶら〟とい

撮影／鈴木康史

「トリコロールのエクレア」650円。

天窓から柔らかい日が差し込む２階のフロアは、アンティークの家具が配された落ち着いた空間。

う言葉がすでに定着し、モボ・モガ（モダンボーイ・モダンガール）が行き交う当時の銀座は、海外帰りの画家や文士、慶應義塾大学に通う学生などを筆頭に、学問や文化に精通した人々がこぞって訪れたハイカラな場所。２階に続く螺旋階段の先の客席に、異なる形の大理石のテーブルを用いたモダンなデザインのトリコロールも、文化人や学生たちが集うサロンのような雰囲気だったという。その頃、コーヒー１杯15銭。平均10銭ほどのかけそば以上にコーヒーが高価な時代だったというから、店に出入りする人も限られていただろう。

戦火により初代の建物は失われてしまったが、戦後まもない昭和22年に、新たに店を建てて営業を再開。まだ復興途中の銀座の中で、コーヒーでほっとできる喫茶店の存在は、希望の灯火《ともしび》だったに違いない。現店舗には銀座百景を描いた日本画家・浜田泰介画伯による２代目店舗の絵が飾られている。白壁の瀟洒《しょうしゃ》な建物の前には、１杯５円のコーヒーを求めて行列ができるほど盛況だったそうだ。

## 時代とともに広がる客層

昭和30年代の高度経済成長期になると日本中で喫茶店ブームが沸

上・2階席に続く階段の壁には過去の写真が飾られている。下・人気の「アップルパイ」は店内で焼き上げている自慢の一品で、710円。「アンティークブレンドコーヒー」とセットで1630円。

き起こり、海を渡って特別に質のいいコーヒー豆が入ってくるようになった。トリコロールで提供する「アンティークブレンドコーヒー」は、その当時の味を再現すべく作り上げたブレンド。中南米の高い山で収穫された豆は、繊維質が多く、そのため少し強めに焙煎することで、コクがあってまろやかな口当たりの仕上がりに。トリコロールで出すコーヒーは全て注文を受けてから豆を挽き、ネルドリップ方式で一杯ずつ丁寧に抽出する。それを淹れるのは、知識や抽出実技の社内試験に合格したコーヒー抽出技術者。腕利きの職人がハンドドリップでコーヒーを淹れる姿を目の前で眺めるために、わざわざ1階のカウンター席を選ぶ人もいるほどだ。

現在の3代目店舗が完成したのは昭和57年。時を経ていつのまにか周囲は高いビルばかり。天井を高くとって2階の屋根に天窓をつけ、自然の光が差し込むよう配慮した。1階の回転扉は、冬は寒風を防ぎ、夏は冷房が効くようにと、このときに取り入れた。

SNSが当たり前の時代になり、10年前には考えられなかったような若い世代が店を訪れるようになった。店内外のクラシックな趣とともに特に評判なのが、写真や映像映えする「アイスカフェ・オ・レ」。

パフォーマンスも含めて評判の「アイスカフェ・オ・レ」1250円。

1階のカウンター席。鏡張りの棚にコーヒーカップやグラスがずらりと並ぶ様は壮観。

濃厚なコーヒーとミルクのポットそれぞれを、左右の手で高い位置に持ち上げて、一気に氷入りのグラスへと注ぐ。目の前で行われる芸術的なパフォーマンスに華やかな歓声があがる光景は、こんにちではすっかり日常風景に。りんごの皮むきから手作業で行い店内で焼き上げるアップルパイや、注文を受けてからシューを温めクリームを挟むエクレアも、SNSをきっかけに憧れを抱く人が多いという。

朝8時からのモーニング営業では、長年の常連客や銀座で働く出勤前のショップ店員だけでなく、海外からの観光客なども朝食を楽しむ姿が見受けられる。新旧のコントラストが入り混じる銀座のまちの風景のように、多様な客が寛ぐ光景が今のトリコロールらしさといえる。

DATA

東京メトロ銀座線「銀座駅」より徒歩約2分

住 東京都中央区銀座5-9-17
☎ 03-3571-1811
営 8:00 ～ 18:00 (L.O.17:30)
休 火曜（不定休）
http://www.tricolore.co.jp/

# 盛岡 ティーハウス リーベ

## 味わいある小路に佇む 盛岡初の紅茶専門店

市街地の中心に大きな城跡が残る旧城下町・盛岡。観光名所としても親しまれる盛岡城跡公園の周囲には、岩手県庁や盛岡市役所など行政機関が集まり、観光客と地元の人々の双方が行き交い活気に満ちている。さらには盛岡城跡公園内にある櫻山神社の参道を中心に、老舗から新店までこぢんまりとした飲食店が軒を連ねる一帯があり、昼も夜も人が絶えない。

そんな櫻山神社参道脇の小路に店を構えるのが「ティーハウスリーベ」。昭和46年に盛岡初の紅茶専門喫茶店としてオープンして以来、半世紀にわたり営業を続けてきた。数年前に他界した創業者の児山信

撮影／長谷川 潤

上品な紅茶用のポットやカップの多くは英国製。

一さんが、妻の千代子さんとともに店を開いたのは、二十歳を少し過ぎたばかりの頃。時代は喫茶店ブームのただ中で、盛岡市内にもこだわりのコーヒーを出す店が多く誕生していた。

そこで信一さんが目をつけたのが、当時はコーヒーの脇役として影を潜める存在だった紅茶。まだ盛岡には茶葉や紅茶専門器具を扱う店がほとんどなく、輸入茶葉を扱う東京のデパートに通ったり、他地域の紅茶専門店に教えを仰いだり、夫婦ともに独学で学んだ。そのかいあって、〈リーベではハイカラな紅茶が味わえる〉と評判がたち、わざわざおしゃれをして店を訪れる人もいたという。

開店からしばらくして、カウンター席のある1階のみで営業していたのを、2階まで拡張したのは、一人でもグループでも、より幅広い客層にゆったり寛いで過ごしてほしいと考えてのこと。地元の大工さんと相談しながら、全てをボックス席で統一し、格調高く落ち着いた色調の英国風に設《しつら》えた。

## 芸術的なアレンジまで 多彩に揃う紅茶メニュー

素朴な手書きのメニューブックを開いて驚くのが品数の多

RICHA
ALSO
CITIZE
YORK

重厚な木製の手すりにぐるりと囲まれた客席は一人でもグループでもゆったりと過ごすことができる。

注文後にフルーツカットに取りかかるため提供までに時間を要する「ティーパンチ」720円。15時以降に注文可能。混雑時は提供できない場合もあり。

「日替りランチ」650円の総菜パンには、盛岡のソウルフード「福田パン」のパンを使用。

さ。紅茶はストレートからアレンジまで30種類以上。加えて、コーヒー、ジュース類、パフェ、かき氷、ホットケーキ、モーニングやランチセットを含めた軽食までが取り揃う。現在、信一さんの跡を継いで厨房に立つのは、父の背中を見て育った息子の亮一さん。「調理師学校で学んだ息子が私たち夫婦と一緒に店で働くようになってから、料理の完成度が増した」と、ホール担当の母・千代子さんは感謝する。

アイスティーとオレンジジュースをブレンドした「チャーミングティー」に、10種類以上の新鮮なフルーツを盛りつけた「ティーパンチ」の芸術的なフルーツカットは、手先が器用な亮一さんのセンスでより華やかに。サンドイッチ、ピザトースト、ホットドッグなど3種類の総菜パンに、スパゲティやスープ入りのココットがついた「日替りランチ」は、亮一さんが試行錯誤をした結果、看板メニューとして定着。50年前に両親が思い描いた居心地のいい店が、理想的な形で継承されている。

DATA

JR「盛岡駅」よりバスで「県庁市役所前」下車、徒歩約3分

住 岩手県盛岡市内丸5-3
☎ 019-651-1627
営 7:30 ～ 19:00（月、水～金曜）9:00 ～ 23:00（土曜）
11:00 ～ 19:00（日曜）
休 火曜

# 上野 珈琲 王城

## 日本の喫茶店発祥地で3代続く喫茶店

上野は明治21年に、日本初の喫茶店「可否茶館」が開業した喫茶店発祥地。年月が経つごと数は減っているものの、昭和の時代から歴史を重ねる喫茶店が今も多く営業を続けている。上野駅から徒歩約2分の「珈琲 王城」もそのひとつ。3代目オーナー・玉山珉碩《たみひろ》さんによると、現在の場所で営業を始めたのが昭和50年。それ以前から祖父や父は別の場所で店を営んでいたものの正確な記録が残っていないそう。父の他界により急遽《きゅうきょ》跡を継ぐことになった珉碩さん。幼い頃から店を訪れ、胸をときめかせながらパフェやナポリタンを頬張った記憶が、頭の中で輝いているという。自分がこの店の一番のファンという気概

「なつめミルク」750円。

撮影／鈴木康史

昭和レトロな風情の看板はSNSでも人気。

腕利きの宮大工が手がけた折り上げ天井とゴブラン織りのソファがシックな店内を彩る。

を持って、祖父と父が残した味や雰囲気を守っていこう。そう胸に誓って十数年、コロナ禍を乗り越えながら力を尽くしてきた。

当地に店ができた昭和50年代といえば、エリザベス女王の来日で空前のヨーロッパ王室ブームが巻き起こったとき。当時創業した喫茶店に、王室や貴族、ヨーロッパの古城をモチーフにした煌びやかな店が多いのも、このような時代背景から。王城も貴族のような心持ちでゆったりコーヒーを味わってほしいという思いから始まった。腕のいい宮大工が手がけた豪奢な折り上げ天井は開業時から変わらず。ゴブラン織りのソファは、生地を張り替えながら同じものを使い続けている。柱を飾る漆喰《しっくい》の装飾も美術品のような美しさだ。

国鉄（現JR）・京成・地下鉄と複数の鉄道が乗り入れ、東京の北の玄関口と呼ばれた上野駅。電車の遅延は当たり前で、携帯電話もない昔、駅周辺の喫茶店は待ち合わせ場所として重宝された。王城のメニューは、どれもたっぷりボリュームがあるのが特徴的。それもまた、誰かを待って1～2時間過ごすのが当たり前だった時代に、

「クリームソーダ」800円。

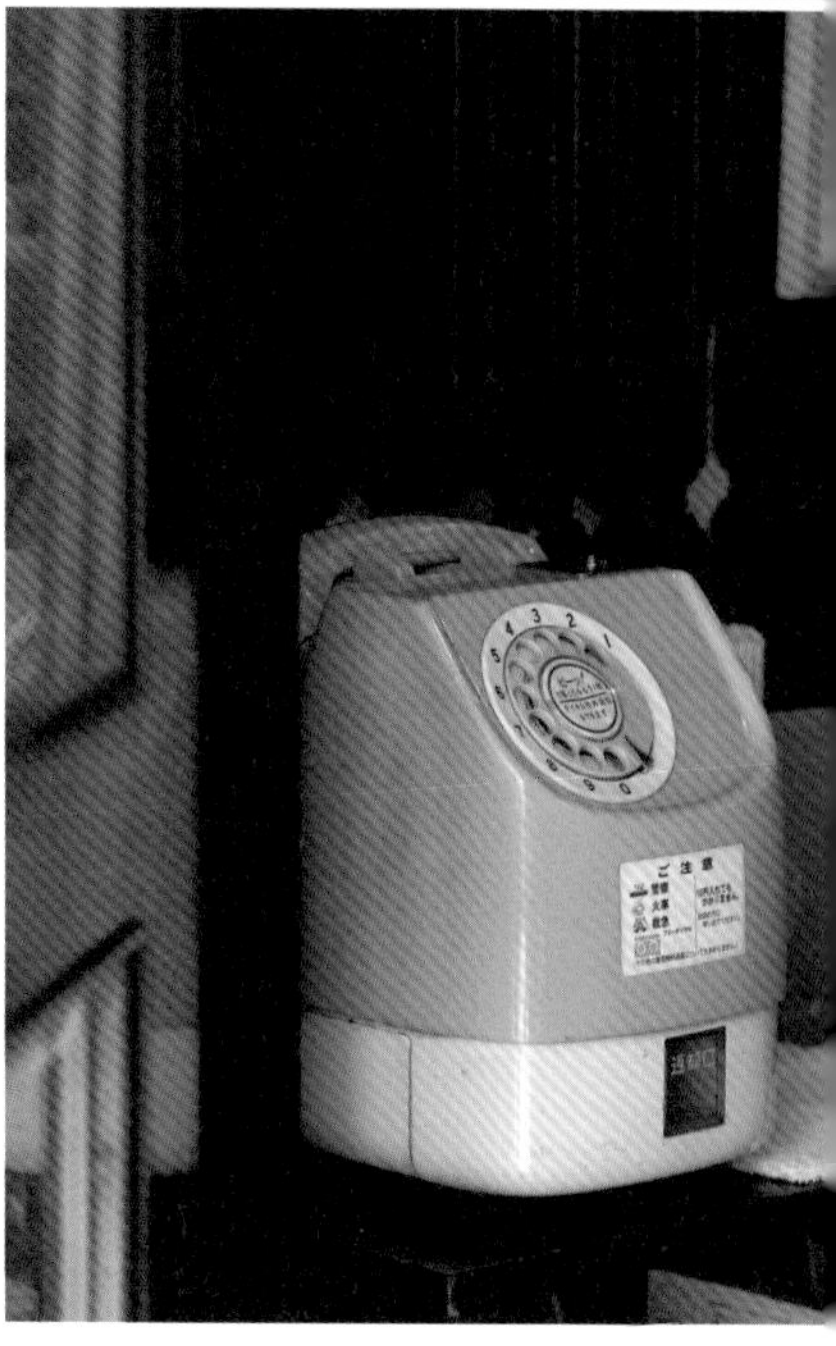

上・オレンジ色の光が美しいシャンデリアは店のシンボル的存在。下・ピンク電話は今も現役。
クリームソーダは写真のメロンのほか、ブルーハワイ、ストロベリーなどもある。

あえて量を多く盛りつけ、時間をかけて味わえるようにという心遣いからだ。

## SNSから広がった来店者

時は移り変わり、携帯電話の普及や、気軽にコーヒーが飲めるチェーン店が増えたことも影響し、王城は一時、客足が遠のき赤字経営だった時期がある。危機感を抱いた珉碩さんは店を守るためにできることをと考えて、先代までは断っていた取材を受けたり、コロナ禍には通販という形でコーヒーチケットを販売。さらに自ら始めた店のツイッター（現X）に、生クリーム、バニラアイス、チョコレートシロップに、みかんとさくらんぼを合わせた、昔ながらのチョコレートパフェの写真を投稿したところ、数万人のユーザーに拡散され、翌日からしばらく行列が続いたそう。「SNSをきっかけに、それから全面禁煙にしたこともあって、最近はこれまでとは異なる若い世代のお客さまが増えました。忘れられないのが、修学旅行で東京にやって来た高校生が、自由行動で王城に立ち寄ったとツイッターに書き込んでいたこと。あまたの名所がある中で、うちを選んでくださったことがあり

SNSでボリュームと見た目が話題になった「チョコレートパフェ」1200円。

がたくて。先代、先々代が積み重ねてきたことを、ぼくの代でSNSを通してアナウンスできたことで間口が広がりました。コロナ禍をきっかけに『#おひとりさま大歓迎』というハッシュタグをつけてSNSに投稿し、一人の方も複数人でも、喫茶店での時間を楽しんでいただいています」。

喫茶店経営と併せて、上野で祖父の代から3代続く漢方専門の診療所「天心堂診療所」の院長も務める珉碩さん。「なつめミルク」や「薬膳キーマカレー」など、身体に優しいメニューを取り入れながらも、変わらぬ味へのこだわりも強い。「ある音楽に触れると、昔の記憶が蘇ることがありますよね。食べ物も同じ。店のメニューを味わったとき、懐かしい記憶を思い出してもらえるように、変わらぬ味を大切にしたい」。私もまた王城のクリームソーダやチョコレートパフェを口にするたび、この日に珉碩さんから伺った店への深い愛情を、しみじみと思い出すのだろう。

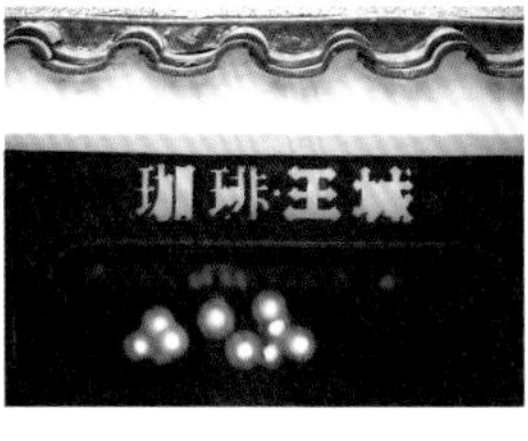


DATA

JR「上野駅」より徒歩約2分

住 東京都台東区上野6-8-15
☎ 03-3832-2863
営 8:00 〜 19:00（L.O.18:00）
休 無休
X（Twitter）@coffeeoujyou

# 大森

# 珈琲亭 ルアン

## 映画やドラマのロケ地としても登場

大森にある日本初のフラワーデザイン学校「マミフラワーデザインスクール」で年に数回、講師を務めるようになって随分と経つ。大森は大正末期から昭和初期にかけて、尾崎士郎、宇野千代、村岡花子といった多くの文士や芸術家が暮らし、「馬込文士村」と呼ばれた文化的なまち。講座が終わると、１００年前にモダンガール・モダンボーイが闊歩した一帯を散策して帰るのを楽しみにしている。ひとしきり歩いたあとは、大森駅東口側の喫茶店「珈琲亭ルアン」でひと休みして帰るのが定番のコース。昭和46年の開店当時、店の前には映画館が４館もあって、大森で一番の繁華街だったそうだ。

撮影／鈴木康史

バラの花を生クリームで再現した「コーヒー・ゼリー」は、シロップが別添えなのであまみの調整ができる。600円。

1階の客席は、鉄製の照明やレリーフが配された重厚な雰囲気。たばこの煙でいぶされた壁紙が歴史をしのばせる。

## ルアン

ルアンの先代はもともと板橋で和菓子職人をしていたという。引っ越す予定ができて物件を探す中、ひょんなことから大森の繁華街に喫茶店の居抜き物件を見つけて一念発起。コーヒー教室に通ったり、喫茶店業務の経験があるスタッフからも惜しみなく学びつつ、コーヒー専門店を始めることになった。フランス北部の都市名である「ルアン」という店名は、以前の店主がつけたものをそのまま受け継いだ。現在は2階建ての建物全体を店舗として使用しているけれど、創業当時、1階の一角は立ち食いうどん店で、2階には麻雀店やマスター家族の住まいがあり、今より雑多な雰囲気だったそう。そうして少しずつ店舗を拡張し、ヨーロッパの貴族の別荘を思わせる、華やかだけれど落ち着きのある内装が仕上がった。各所を彩る骨董品は、先代が各地から買い集めたもの。味わい深い文字で綴られた、壁にかかるメニューや看板は、書道家である先代の妻や昔ながらの看板職人が手がけている。50年以上の年月が、まるでコーヒー色のフィルターをかけたような、こっくりと深みのある喫茶店然とした空間を織りなす。ここにしかない雰囲気が重宝されて、映画やドラマのロケ地としてもたびたび登場している。

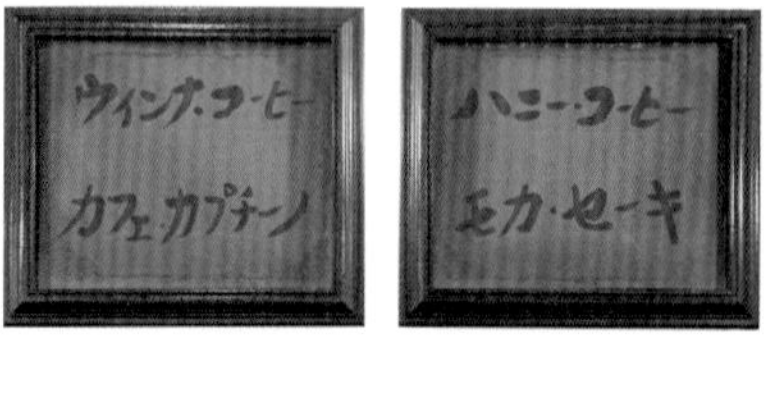


メニューの文字は、書道家だった宮沢さんの母親の手によるもの。

時間の流れを感じさせる厨房。カウンターに積まれている銀色のプレートは、モーニングに使っている特注品。

## バラのクリームが彩るメニューを

珈琲亭と冠するだけのことはあって、メニューに連なるコーヒーの数はかなりのもの。ストレート、ブレンド、アイス、ヴァリエーションとさまざま取り揃い、全て合わせると数十種類。サイフォンやネルドリップと、それぞれに適した淹れ方で提供されている。すぐお向かいのパン店のパンを使ったスナックメニューや、お皿の代わりにシルバーのプレートを用いたクラシックスタイルのモーニングも評判だ。

「これでも、父が店に立っていた頃よりは、メニューの数は減っているんですよ」と、2代目マスターの宮沢孝昌さん。少し前に、父の代から長年勤めていたスタッフが退社したことで、1、2階合わせて80席ほどの大箱を回していくのが難しくなり、しばらく2階に上がってもらうのは週末だけに限っているという。東京2020オリンピックを機に全席禁煙にしたときは、ぐっと客が減って苦しい時期があったけれど、じょじょに客層が変化して、これまでにない若い世代が、物

## ルアン

木製の窓辺に飾られている個性的なティーポットは、店の雰囲気に合いそうと、宮沢さんが求めたもの。

JR大森駅から徒歩３分ほど。居酒屋などが立ち並ぶエリアに存在感のある看板が目を引く。

語の世界へ連れ出してくれるような心ときめく場所として、昔ながらの喫茶店を日常的に利用してくれるようになったそうだ。

フラワーデザインスクールで講義を終えたあとの私が、真紅のバラの絨毯が敷き詰められた1階席でいつも味わうのは、ダッチコーヒーで作る「コーヒー・ゼリー」や、ティーカップにロイヤルミルクティーを注ぐ「ベルサイユのバラ」。それから、チョコレート風味のアイスコーヒー「モカ・フロスティ」。どれも白いバラの花のクリームが彩る愛らしいメニューで、目の前に運ばれてくるたびに、心の中にもぱっと美しい花が開く。かつて大森で過ごした宇野千代や村岡花子や吉屋信子、自分らしく生きるモダンガールたちも、この時代に生きていたらバラの花のメニューに目を輝かせたに違いない。そんな想像を楽しみながらゆったりと、特別な時を過ごしている。

DATA

JR「大森駅」東口より徒歩約3分

住 東京都大田区大森北1-36-2
☎ 03-3761-6077
営 7:00 ～ 19:00（月、火、金曜）
7:30 ～ 18:00（土、日曜・祝日）
休 水曜・木曜

## 新橋

# パーラー キムラヤ

### 駅ビル地下のモダンな空間

「新橋駅前ビル」が新橋駅前に竣工したのは昭和41年。今は当たり前の駅ビルがまだ珍しい時代に建てられた。ビルができるその前は、辺り一帯「狸《たぬき》小路」と呼ばれる呑み屋街だったという。ビルの入り口に狸の銅像が鎮座しているのも、かつてのこの地の呼び名にちなむ。そうして今も下層階には、食事やお酒やお茶を味わえる多様な飲食店がひしめき、新橋で働き集う人たちの拠りどころとして愛されている。

　地下1階にある「パーラーキムラヤ」が開店したのは、ビルの竣工と同じ年。コーヒー豆などを扱う食品会社で営業を担当していた和田精輔さんが、仕事を通して出会った店舗のオーナーに飲食店をやらな

撮影／鈴木康史

看板メニューの「プリン・ア・ラ・モード」1050円。

幾何学模様の壁のパネルと赤茶と白のツートンカラーの椅子が配された明るい店内。

いかと声をかけられ、脱サラをして喫茶店を始めた。今、店の前には新橋駅と直結する地下通路があるけれど、開店当時そこは壁。数年後に地下改札が完成して扉が作られると、人通りができて常連客も増えていった。ビルの地下にあるハイヤー会社の運転手が休憩したり、サラリーマンが朝食や昼食を食べにやって来たり。忙しく働く人が束《つか》の間店で羽を休める光景が、半世紀以上変わらず続いている。

　少し前に店を禁煙にしてからは、あまいもの目当ての若い人たちがこぞって訪れるようになった。店先のガラスケースに並ぶ食品サンプルや、昭和の時代から続く喫茶店然とした昔ながらのメニューが、古き良き昭和の時代の象徴として再び脚光を浴びている。およそ60年前の成人男性の体形に合わせて小ぶりに作られた赤茶とクリーム色のツートンカラーの椅子や、幾何学的な模様の壁の飾りも、モダンなデザインで心が浮き立つ。私自身この店で過ごすときはいつも、古い映画の登場人物になったような心持ちで、ときめきが絶えない。駅から直通の地下にあることで、雨の日は特に混雑するというけれど、私も気持ちを晴らすためわざわざ雨の日に訪れ、あまいものを頬張ったことがある。外が見えない地下空間でも、生きているものを見て心が和むようにと、先代が店の中央に設置した水槽と観葉植物を眺めながら。

上・地下の店舗なので、少しでも自然を感じられるようにと置かれた水槽。下・食品サンプルやレトロな店内は若い世代にも人気。

## 手間ひまかけたメニューの数々

現在、店を切り盛りするのは、父の跡を継いだ2代目マスター・耕一さん。平日は朝から晩まで営業時間が長いため従業員の手も借りながら、母・栄子さんや姉や甥、家族総出で営業を続けてきた。「父には出来合いのものを出すのを良しとしない頑固なこだわりがありました。スパゲティのミートソースは一から仕込みますし、チョコレートパフェのチョコレートソースも手作りです。やむを得ず冷凍食品を使うことがあっても、必ずどこかにオリジナルのものを加えます」と耕一さん。そのため仕込みに時間がかかり、毎朝始発の電車で出勤している。

中でも、もっとも手間をかけているのが、不動の人気メニュー「プリン・ア・ラ・モード」の主役となる、ほんのりラム酒が利いたプリン。卵、牛乳、砂糖を混ぜて下ごしらえを行い、オーブンで焼いて、蒸らし、それから冷やす。1個のプリンの完成までに3時間半かかるというから驚きだ。キッチンが小さな分、一日に作れる量も限られていて、夕方には売り切れてしまうことも多い。プリン、アイスクリー

仕込みに時間がかかるプリンは、先代から教わったやり方を貫く。

どこから食べるか迷うほど、フルーツや生クリームがたっぷり盛られたプリン・ア・ラ・モード。

ム、生クリームとともに、コルトンディッシュに盛りつけられるフルーツも、バナナ、メロン、ウサギ形のりんごは、丁寧にカット。さらに、黄桃、みかん、パイナップル、さくらんぼをバランスよくのせて、あまい宝石箱が完成する。これが、創業当時から付き合いのあるコーヒー豆の卸会社が店のためにブレンドする豆を使い、ハンドドリップで淹れる濃厚なコーヒーと実によく合う。

「ここ数年は、昔ながらの固めのプリンと紹介いただくことが多いのですが、私としては父から受け継いでいるやり方を続けてやっているだけなんです」。カウンターの中からそう話す耕一さんの手は、消して休むことがなかった。

DATA

JR「新橋駅」より徒歩約1分

住 東京都港区新橋2-20-15 新橋駅前ビル1号館 B1

☎ 03-3573-2156

営 8:00 ～ 20:00（月～金曜） ※L.O.19:30
11:00 ～ 17:30（土曜） ※L.O.17：00　土曜は途中休憩あり。材料切れで早く閉店する可能性あり。

休 日曜・祝日

http://www.shinbashi.net/shop/200602

コラム

# 私の原点

国内外の映画、ジャズ、ミステリーに造詣が深く、文筆・評論家として1970年代に日本にサブカルチャーの種をまき、多くの若者たちを魅了した植草甚一さん。私が幼少の頃にはすでに亡くなっておられたが、その後も雑誌などでたびたび特集が組まれ、好きなものを夢中で追いかける自由な生き方が支持されてきた。植草さんの遺品を整理する際、2000枚のジャズやロックのレコードを、大学の後輩に当たるタレントのタモリさんがまとめて引き取ったエピソードはファンの間でよく知られている。私が植草さんを知ったのは大阪の大学に通い始めてしばらくして。学内の書店で植草さんの特集が組まれた『太陽』という雑誌を手に取ったのがきっかけだ。まちそのものや散歩が好きで、古本や買いものが好きで、喫茶店やコーヒーが好き。何本もの連載を抱えて締め切りに追われる日々の中でも、毎日どこかへ散歩に出かけ、「何かしら買って帰らないと、その晩は仕事がはかどらない」と書いている。植草さんが通った古本屋の店主いわ

く、こんな本は自分しか読まないからとよく値切られ、ときには勝手に本の値段を書き換えることがあったという。しかしながら実際に植草さんが欲しがる本は、他に買い手がつかないような売れ残りの本ばかり。それらを何十冊とまとめ買いしてくれるのは植草さんくらいだから、店主は言われるまま値引きに応じていたそうだ。私がこの話の中でいたく胸を打たれたのが、植草さんのものの見方や独自の価値観。数々の海外のミステリーを読み込んできた中で、自分にとっては本格派より変格派が面白いと語り、一般的には三流と評されるような作家が綴る日常の描写こそこよなく愛した。相当な学習と知識量で世の価値や評価を心得ながらも、常に自らの軸を曲げずに進む人であった。

植草さんが古本屋で値切るのは、決して度量が狭いからではない。いくらか負けてもらった分は、必ずまちに還元する。古本を求めたその足で近くの喫茶店に赴き、コーヒーを味わいながら戦利品を読んでひと休みする。しばらくすると次の古本屋に向かい、いつものように店主とかけ合い安く本を買った分、また別の喫茶店でコーヒーを飲む。それが植草さん流のまちの愛し方。殊に植草さんが懇意にしたという神保町の「茶房きゃんどる」は、再開発による店舗の取り壊しと休業を経て、タワーマンションの

1階に場所を移して営業を続けている。建物そのものはぴかぴかで新しいけれど、木製の椅子やマントルピースは昭和8年の創業時から受け継がれるもの。植草さんもその椅子に腰掛けて、コーヒー片手に古本をめくったのだろう。

植草さんの本は新刊で入手しにくかったこともあり、私は大阪じゅうの古本屋を巡って、少しずつタイトルを増やしていった。それから植草さんの真似をして、なにかいい本に出合えたときは、通りがかりの喫茶店に入って、ミルクコーヒーやミルクティーを飲みながらページをめくる。そんなことが毎回できるわけではなかったけれど、月に一、二度喫茶店で過ごすことができるだけで心嬉しい。当時はまだどの喫茶店も喫煙可能で、ほとんどの店がサービスでオリジナルのマッチを配っていた時代。ショップカードや、ときに広告の役割も果たすことから秀逸なデザイン揃いの喫茶店のマッチを、〝手のひらにおさまる芸術品〟と讃《たた》えて集め始めたのもその頃からだ。マッチそのものには物の価値としての値段がつかず、あくまで店で過ごした人がサービス品として持ち帰ることができる、その特殊なありかたも心引かれる所以《ゆえん》だった。

そのうち、植草さんの随筆や、植草さんが紹介していた池波正太郎さん

の随筆で、二人が行きつけと綴る京都の「イノダコーヒ」を訪ねてみたいと思い、大阪から京都を目指した。１９９０年代後半はまだインターネット普及前で、「堺町通り三条下る」という住所を頼りに、町家造りの本店に辿り着いた。イノダコーヒの第一印象は、凛とした店の造りも接客も、ホテルのラウンジやレストランのように、なんて礼儀正しく丁寧なのだろうという感動。どちらにもそれぞれの良さがあるけれど、大阪の喫茶店の気さくな雰囲気や接客に慣れ始めていたものだから、こんなに洗練されたステキな喫茶店が長くまちに根付いていることに、いい意味でのカルチャーショックを受けた。ちょっと背伸びをして注文したのは、店の顔であるホットコーヒー「アラビアの真珠」。ぽってり厚みのあるコーヒーカップに、あらかじめ砂糖とミルクが入ったコーヒーが注がれている。まだコーヒーをブラックで飲めずにいた未熟な私の味覚でも、深いコクや香り、ほのかな酸味を、おいしさとして楽しめた。以前から、いつか京都に住んでみたいという憧れがあったが、このときの体験が「大学卒業後は京都で暮らす」という確信に変わった。当たり前にイノダコーヒがあるまちで、当たり前にイノダコーヒでお茶ができる自分になりたくて。

大学卒業から半年ほど経って、大阪から京都に住まいを移した。京都で

は学校に通いながら、昼は今出川の小さな出版社、夜は祇園の料亭で働き、仕事の合間に喫茶店に立ち寄る日々。「喫茶ソワレ」「フランソア喫茶室」「築地」「スマート珈琲店」「進々堂 京大北門前」「静香」「ポケット」「喫茶チロル」はじめ、いくつもの喫茶店に。「クンパルシータ」「みゅーず」「わびすけ」「まる捨」「セブン」「たんぽぽ」など、今はもうない店での思い出も数えきれない。「六曜社地下店」では、一番奥の席でミルクコーヒーとドーナツを味わいながら、「少女は煙草を吸うためにマッチを擦るのではなくマッチを擦るために煙草を吸う」という言葉を思いつき、その言葉をイメージに掲げて「ロル」という雑貨ブランドを始めた。今の自分の原点はなにかと振り返るとき、こうして植草甚一さんや、大阪・京都の喫茶店が浮かんでくる。

# 第4章

# 食事がおいしい

# 大宮
# 伯爵邸

## 大宮駅前・繁華街の眠らぬオアシス

24時間営業のレストランの激減を少し前にニュースで知った。そのとき思い浮かんだのが、大宮駅東口駅前の繁華街裏手にある「伯爵邸」。数年前に初めて訪れた際、常に満席でにぎやかな雰囲気が妙に心地よく、大宮を訪れると立ち寄るようになった喫茶店だ。

24時間営業で年中無休。300種類あるメニューはどれも大盛り。パスタ、サンドイッチ、デザートと喫茶店の定番はもちろん、和食、沖縄料理、中華、さらには、タイ、インド、ネパール、スリランカなど、本格的なアジア料理まで味わえる。モーニングやランチのセットも彩り豊かで、食べ終えるといつもお腹がパンパンだ。

撮影／鈴木康史

開店当初から人気の「大宮ナポリタン」880円。もちもちの麺に、イカ、豚肉、ニラ、カイワレ大根などの組み合わせ。プラス200円で大盛りにもできるが、通常でもかなりたっぷりの量。

ファミレスのようなソファとアンティークの調度品がうまくミックスされた店内は多くの人でにぎわう。

## 沖縄出身の店主の理想は
## 誰もが主役になれる店

店主・宮城《みやぎ》正和さんは、昭和24年、沖縄県北部の山原《やんばる》地域の生まれ。高校進学のため15歳で上京した当時はまだ沖縄返還前で、本土に行くのにパスポートが必要だったそう。卒業後は学生時代からアルバイトをしていた新宿の喫茶店で、そのままウエイターとして働くことに。オーナーは同じビルでピザ店やキャバレーも経営しており、料理やカクテルも学ぶことができた。そうして宮城さんは22歳で独立を決意。当時の彼女の地元という理由から、埼玉の西川口でカフェバーを開店。映画『キューポラのある街』の舞台として知られる川口は鋳物職人が多い気さくな土地柄で、2年も経たぬうちに店は軌道に乗った。

そんな折、大宮駅前で掘り出し物の物件を見つけ、昭和50年に2店舗目の喫茶店を出店。数年後に東北新幹線開通を控えた大宮駅周辺は、サラリーマン、夜間働く人、家族連れ、学生、さまざまな需要があるだろうと考え、開店当初から、24時間営業、年中無休を貫いている。伯爵邸という店名には、どんな立場の人も伯爵になったつもりで寛い

店主・宮城正和さん。「お腹をすかせた学生さんのために、料理は一般的な量の2倍盛りつけてきました」と語る。

華やかな見た目でSNSでも話題という「チョコバナナパフェ」870円。

でほしいという思いを込めた。全席ソファ席でゆったりとした店内には、宮城さん自身が国内外で買い付けた美術品やアンティークを惜しみなく飾り、豪華なイメージを演出している。

## メニューもスタッフも 〝チャンプルー〟が伯爵邸流

伯爵邸では沖縄の野菜が珍しかった時代から、ゴーヤチャンプルーがメニューに名を連ねていた。「チャンプルー」とは「ごちゃ混ぜ」を意味する沖縄の言葉。昔からいろいろな国籍のスタッフが働く伯爵邸では、それぞれの地元の料理を日本風にアレンジしながら提供している。「お客さんも、メニューも、店の雰囲気も、スタッフも、国籍や世代を超えて、〝チャンプルー〟を楽しんでほしい」と宮城さん。ようやく今、多様性を認め合う社会に変化してきたが、伯爵邸は40年以上も前から、ごちゃ混ぜの楽しさを伝え続けている。

DATA

JR「大宮駅」東口より徒歩約5分

住 埼玉県さいたま市大宮区宮町1-46
☎ 048-644-3998
営 24時間営業
休 無休

## 仙台

# 喫茶 エルベ

### ビルの地下でひっそり続く隠れ家のようなレトロ空間

仙台駅西口から、南町通りをまっすぐ進んで歩くこと8分ほど。オフィスビルの地下1階にひっそり店を構える「喫茶エルベ」。ビル自体は表通りに面しているものの、地下に続く階段前にメニューを記した立て看板がなければ、その先に店があるとは気がつきにくい。道ゆく人がふらりと立ち寄る立地ではないからこそ、〃ひっそり〃という言葉が似合う、隠れ家のような雰囲気が守られているのだろう。

とはいえ、昼どきには、ボリュームある食事目当てのサラリーマンや常連客で満席になることも。その後は、一人静かにカウンター席で過ごす人や、友人との会話を楽しむ人、それぞれが思い思いに寛ぐ光

撮影／長谷川 潤

もちもちの太麺にからむ、濃厚なバターのコクと香りがクセになる「塩味スパゲッティ」750円。

しょうが焼き ¥850
MIXフライ ¥850
コロッケカレーライス……¥900
¥800
¥800
軽食
トースト……¥350
¥400
¥500
ピザトースト……¥600
ケーキセット ¥700
(単品 ¥350)
アップルパイ or フォンダンショコラ ＋ コーヒー
Pasticceria SAVONA
SAVONAさんのケーキ
お楽しみください!!
ショーケースをごらんください!!
受け渡しは こちら

ベージュと茶系の落ち着いたカラーで統一された内装は、以前の店の雰囲気を踏襲したもの。

景が、穏やかに広がる。

## 先代から2代目へ 思いがけないバトンタッチ

現在のマスター・庄子寛さんは、平成29年から店を受け継ぎ2代目に。自分でなにか店を始めようと物件を探す中、マスターが高齢を理由にまもなく閉店する店があると仲介業者に紹介された。最初は地下の物件は、新たな商売を始めるには不利だろうと感じていたが、店の扉を開けた瞬間、思いは一変。昼どきの店内は常時満席。レトロな趣と素朴なメニューが常連客から愛されているのが一目で分かる。なにより初めて訪れたのに妙に落ち着き、懐かしさまで込み上げてきた。

それまで、喫茶店を開こうとはこれっぽっちも考えていなかったけれど、気がつけば店を畳むつもりの先代に、継がせてほしいと申し出ていたという。

それからひと月は慌ただしい日々。調理場で先代の隣に立って、定番メニューの作り方を覚えた。その合間に聞いたのが、店の歴史や先代の経歴。先代は、東京の喫茶店で働いたあと、生まれ育った東北に戻り、昭和52年にレストランの跡地を受け継いで、自分の店を持った

先代から引き継いだコーヒーミルやサイフォンなどを大事に使っている。

昭和の時代に流行したグラスを使った、昔ながらの「クリームソーダ」700円。

そうだ。

エルベという店名の由来は、先代がヨーロッパの中部を流れるエルベ川を思い描いて名付けたという。庄子さんは、長年親しまれるメニューはもちろん、店名も、現役で稼働するテーブルゲームも、椅子も照明も、ほぼそのままの形で受け継ぐと決めた。

## シンプルな素材で作る名物スパゲティ

メニューの中でも、先代時代からの名物としておなじみなのが、「塩味スパゲッティ」。ゆでてから一晩寝かせた太麺をバターで炒め、塩コショウで味付け。具材はキャベツ、玉ねぎ、ソーセージのみ。シンプルながらやみつきになる味と評判だ。何十年前の子ども時代に食べたことがあるという人が、ふと昔を思い出してやって来ることもあるそうだ。そうしてこれからも庄子さんのように、ノスタルジックな雰囲気に魅せられて、新たな常連客が増えていくだろう。

DATA

JR「仙台駅」西口より徒歩約8分

住 宮城県仙台市青葉区一番町1-1-30 南町通有楽館ビルディング B1
☎ 022-262-1980
営 11:30 ～ 17:00
休 日曜

## 新潟 Soup&Café 香里鐘（カリヨン）

### 賑やかなアーケードに面した老舗パン店の2階で創業

新潟市の中心市街地・古町は、花街として栄えた歴史の面影が残る文化の香りが根付くまち。明治から大正時代にかけて甲信越有数の商店街へと発展し、昭和の最盛期には毎日がお祭りのような賑わいだったそう。新潟市出身の漫画家・水島新司の漫画に登場するキャラクターの銅像が並び、通称「ドカベンロード」と呼ばれる「古町通五番町商店街」は観光名所としてもよく知られるが、今回足を運んだのはそのすぐ隣。大衆演芸場がはす向かいにある「古町通六番町商店街」の喫茶店を訪ねた。

昭和50年から続く「香里鐘」が所在するのは、新潟市民には馴染み

撮影／原 幹和

30年ほど前にメニューに加わったヨーグルトドリンク「チャールストン」700円。

ノスタルジックな雰囲気に溢れる店内。カウンター席から４人席まで思い思いに寛げる。

深い大正時代創業の老舗パン店「冨士屋」の2階。冨士屋を営む家族の元住居だったスペースを、地元のコーヒー問屋「鈴木コーヒー」が借り受けて喫茶店に改装したという。まもなくその場所を受け継いだのが、それから47年もの間、店を切り盛りするマスター・山岸静則さん。重厚なれんが造りの壁、柔らかな灯《あか》りがこぼれる銅板製の照明、店名の由来でもある玄関口の鐘と、内装は創業時から変わっていない。そこに山岸さんが15年ほど前に新たに導入したのが、水槽の中で人工クラゲがふんわり漂う癒やしのオブジェ。今では店のシンボルとなり、クラゲが泳ぐ水槽を目の前で眺めることができるカウンター席を目当てに通う常連客もいるほどだ。

## スープもパンも選べる食べ応えたっぷりのセット

喫茶店のマスターになる前は、デザイナーとして図案を描いたり、レストランなどの飲食店で働いてきたという山岸さん。コーヒーは丁寧にサイフォンで淹れ、料理も自ら手をかけて作るため一店舗主義を貫いてきた。また、古さを守るだけでなく、学生が開発したメニュー

人工クラゲの動きを眺めながら、のんびり過ごせる。

「スープセット」1000円のスープは、ビーフシチュー、コーンポタージュ、クラムチャウダー、ポトフから選ぶことができる。

や話題の食材など、新たな感性を取り入れるのにも積極的だ。モーニング、ランチ、デザートと、時間帯で内容を変えながら、約50種類のメニューが取り揃う。

　そんな中、根強い人気を誇るのが、「スープセット」。セットになっているパンは、冨士屋と共同開発を行い香里鐘の店頭のみで取り扱う、5種類のオリジナルパンから好きな味を選べる。オニオン、シナモン、ブルーベリー、ミニバターロール、ガーリックフランスまで選べるのも嬉しい限り。ランチがてらマスター自慢のオニオンパンとビーフシチューをオーダーしてお腹いっぱいになりながら、さらに色鮮やかなデザートまで平らげた。その名もバラの名を冠した「チャールストン」。ヨーグルトドリンクに、ブルーハワイシロップ、フルーツ、手作りラスクを合わせて鮮やかな彩りに。「誰でもできることより何か変わったことがしたい」という山岸さんらしい独創性に溢れている。

DATA

JR「新潟駅」よりバスで「古町」下車、徒歩約１分

住 新潟県新潟市中央区古町通６番町978
冨士屋ビル2F

☎ 025-224-6581

営 8:00 ～ 18:30（L.O.18:00）
18:30 ～ 20:30（L.O.20:00、4名以上の予約のみ営業）

休 不定休

## 水戸

# トロピカル

### セピア色のフィルターがかかったような特別な雰囲気

水戸駅前の国道50号線は、通称「黄門さん通り」と名付けられ、長い年月地元で営んできた老舗の商店から、銀行や郵便局などの生活に欠かせない施設までが点在している。そんな目抜き通りから少しそれ、一本奥まった静かで細い路地の途中にあるのが、昭和54年から続く喫茶店「トロピカル」。雑居ビルの1階に位置する入り口の、ガラス扉の周辺を飾る色あせたアメリカ製のブリキ看板が、40年以上続く店の歴史を物語っているようだ。

　山小屋のランプのような照明が天井に丸い模様を描く、わずかに暗い店内は、趣味のものに溢れた大人の秘密基地を思わせる。開店当時

撮影／原 幹和

中太麺にたっぷりの具材を合わせた「ナポリスパゲッティ」。ほのかにトマトのあまみを感じるほどよい味付け。680円。

トラジャ コーヒー
¥490

人形や自転車、キューピーなどの調度品がマッチする昭和レトロな空間。

は白色だった壁も、たばこの煙を浴びてすっかりくすんでしまったが、それがかえって店全体にセピア色のフィルターがかかったような味わいをもたらしている。

おもちゃのようで本物のクラシック自転車、ミニチュアの車、世界の人形に民芸品、ジャズのレコード、蓄音機や複数のスピーカー……。昭和・平成・令和と、3つの時代にわたり同じ場所にあるであろう年季を感じるさまざまなもので溢れているが、その雑然とした雰囲気こそが、心をほどいてゆったりと寛げる理由でもある。『ゴルゴ13』『ドカベン』『巨人の星』、昔はまちの喫茶店に必ずあった長編漫画も健在だ。そのほとんどは、20代で店を始めたマスターが趣味で集めたものであるが、常連客が店に通った証しのように置いていったものもあるという。

## 手ごろな価格を貫く食べ応えのあるスパゲティ

飲み物から軽食まで50種類近く取り揃うメニューの価格もまた、ひと昔前の喫茶店然とした手ごろなまま。コーヒー1杯380円、人気の「タラコスパゲッティ」やソース味の「ヤキスパゲッティ」は、食

カウンター席は、書斎のように、一人静かに過ごせる特別な席として好む人も多い。

バナナと牛乳だけで作る、あまさ控えめの「バナナジュース」。粘り気があり濃厚な風味。450円。

べ応えがあって680円。ある時期までは学生たちのたまり場だったが、今はお腹を満たすために通う、周囲の会社に勤めるサラリーマンの客が多いそうだ。

料理の注文が入ると、シャカシャカと食材を炒める音が厨房から響き、BGMのジャズとのセッションが始まる。私が選んだ「ナポリスパゲッティ」は、ベーコン、玉ねぎ、マッシュルームと、大きくカットした具材がごろごろ入って、ボリュームもじゅうぶん。ケチャップの加減がほどよく、粉チーズで少しずつ味を変えながら楽しんだ。

帰り際、「この雰囲気の中で味わうことができておいしかったです」と、マスターとともに店を切り盛りしてきた奥さまに伝えると、「そうですね。食事は雰囲気ね」とにこやかな返事が。熱帯を意味する「トロピカル」という店名には、趣味を貫くマスターの熱量も潜んでいるような気がした。

DATA

JR「水戸駅」より徒歩約8分

住 茨城県水戸市南町1-3-3
☎ 029-226-6907
営 10:00 ～ 18:00
休 日曜・祝日、12/31 ～ 1/3
※店内喫煙可

# 終章　愛してやまない喫茶店

# 阿佐ヶ谷　喫茶 gion（ギオン）

## これからも通い続けたい大好きな店

学生時代を過ごした関西から上京して最初に住んだのは、すぐ近くに区営の野外プールがある静かな阿佐ヶ谷の住宅街。当時の私はもの書きの仕事を始めたばかりで、早朝から取材に出るのも、雑誌の片隅にちょっとした記事を書かせてもらうのも、生活費を切り詰めながら暮らすのも、なにもかもに必死で、それがまた楽しくもあった。

初めて連載が舞い込んで、憧れていた喫茶店での打ち合わせに指定したのが、毎日前を通っていた阿佐ヶ谷駅前の「g・i・o・n」。原稿料が入ったり、大きな仕事でひと山越えたときも、その足で向かって大好物のナポリタンを食べた。他所《よそ》から遊びに来た友人をお気に入りの

撮影／鈴木康史

たっぷりのいちごを使った「イチゴジュース」580円。旬の時期に出回るいちごを冷凍しているとか。

関口さんのセンスがちりばめられた店内。そこここに配された緑や調度品がgionらしさを演出している。

店として案内したり、夜中の2時まで営業していた頃には、追加オーダーしながら閉店間際まで友人とおしゃべりしたこともある。20年以上の東京暮らしの中で、間違いなくもっとも訪れている喫茶店だ。

栃木生まれのマスター・関口宗良さんは、一日1冊本を読むほどの読書家で、願わくば好きなだけ本を読んで暮らしたいと理想を描いた。そうして辿り着いたのが、自分の喫茶店を開く夢。大学卒業後はひたすら仕事に打ち込んで、20代の終わり頃にようやく資金のめどが立った。時同じくして、阿佐ヶ谷駅前で好立地の路面店に空きが出ると、かつての家庭教師の教え子であるビルのオーナーから連絡が入り、独立を決意。借り受けまでに1年ほど余裕があったので、その間に東京中の喫茶店を300軒ほど巡ってアイデアを吸収し、自ら店の平面図を描いた。「このときが人生で一番楽しかった」と関口さん。

あえて段差を設けることで限られた空間に立体感を持たせたり、ジャズ喫茶で見たブランコ席を取り入れようと思いついたり。潤沢な予算はないけれど、頭と手を存分に働かせ、昭和55年に喫茶店開業の夢をかなえた。店名は表向きには「マスターの初恋の人が京都の祇園の舞妓さん」としているが、日本人が皆知っている覚えやすい名をつけたという。

ブランコ席は人気の場所で、ここを目当てに訪れる人も。オリジナルのナプキンにはかわいらしいイラストが。

## きらきら瞬くマスターのセンス

現在、関口さんは閉店時の掃除や裏方仕事に徹しており、基本的には客前に立たない。接客や調理は、白いブラウスの襟元に黒いリボンというオリジナルの制服を身につけたアルバイトさんに任せている。しかし創業時はモーニングから深夜まで忙しく一人で店を切り盛りし、のんびり読書をしながら店番をする計画はどこへやら。40代半ばになりようやく少しずつ外に出る時間を持つようになったそうだ。

gionという文字が緑色に光る入り口のネオン。店先に茂るブナの木。銀河のような照明のカウンター。絵画が彩るピンク色の壁の席。テーブル上の生花。ぷっくり大きなグラスに入ったイチゴジュースやクリームソーダ。隠し味にオレンジの皮を刻み入れるワッフル。関口さんの洒落っ気がちりばめられた店で、好きなものを列挙したらきりがない。中でも個人的に惚れ込んでいるのが、40回以上レシピを変えたという「ナポリタン」。麺がほどよく硬めで、ところどころに焼き目がついていて、いわゆる一般的なナポリタンとは全然違う。「焼きナポリタン」と表現したほうがしっくりとくる、ここにしかない味。

マスターの関口宗良さん。店内でも自然を感じてほしいとカウンターにも花を絶やさない。

甲斐さんお気に入りのメニューのひとつ、「ナポリタン」820円。

自家製ソースは、赤ワイン、フォンドボー、玉ねぎ、セロリ、マッシュルーム、しめじ、まいたけ、ハーブなど、20種類ほどの具材を5〜6時間煮込み、3日間寝かせる手間のかけよう。20代の私はこの味を再現できるよう、アルバイトの応募を本気で考えたことがある。

もうひとつ殊に好きなgionの景色が、中央線高架側にしつらえた小さな窓辺の席。花畑のように造花がガラス窓を囲い、よく見ると猫や小鳥がひょっこり顔をのぞかせる。「狭い席でも快く座ってくださる優しいお客さんを楽しませたい」と、関口さんが演出を施したそう。

どうやら私は、関口さんのロマンチックでチャーミングなセンスに惚れ込んでいるようだ。これまでの20年のように、この先も通い続けたい。

DATA

JR「阿佐ヶ谷駅」より徒歩約1分

住 東京都杉並区阿佐ヶ谷北1-3-3　川染ビル1F
☎ 03-3338-4381
営 9:00 〜 24:00（月〜木曜、日曜）
9:00 〜 25:00（金、土曜）
休 年中無休

# おわりに

30年近く喫茶店への愛しさを抱きながら、喫茶店に限った本を作るのは今回が初めて。初心を思い出そうと、喫茶店通いを始めた大学時代に撮った写真をひっぱり出したり、その頃に集めた本を久しぶりに読み返したり、長年集めてきた喫茶店のマッチ箱を広げたり。執筆しながら喫茶店を思う時間は、これまでの自分がずっと変わらず好きなままでいたものを肯定する時間でもあって、なんだか救われたような気持ちでいます。〃推し活〃という言葉が一般的になりましたが、まちに根付く喫茶店は私の推し。今もこの「おわりに」を喫茶店で書いていますが、明日も明後日もその先も、喫茶店に通って、まちと店と自分の物語を紡いでいけたらそれだけで幸せです。

お忙しい中、取材を受け入れてくださった喫茶店の皆さま。カメラマンの鈴木康史さん、長谷川潤さん、原幹和さん。デザイナーの横須賀拓さん。編集の井上留美子さん。心から感謝を申し上げます。また喫茶店でお会いしましょう。